Island - ein Reisetagebuch

MIT DEM ZELT RUND UM ISLAND

ein Reisetagebuch

von Arntraut Kalhorn

Alle Rechte liegen bei der Autorin.
Fotos: Leberecht Kalhorn
Herstellung: Books on Demand GmbH, Norderstedt
ISBN: 3-8311-4330-7

Anstelle eines Vorworts

Wie oft hatte ich den Erzählungen von Fahrensleuten gelauscht, wenn sie von der Welt ihrer Seefahrten berichteten. Reisebeschreibungen nahmen einen Teil meiner Lektüre ein. Sie entführten mich in eine Welt verlockender Geheimnisse. Mit Begeisterung hatte ich Jules Vernes Buch „Die Reise zum Mittelpunkt der Erde" gelesen, die auf Island begann.
Island - das war ein wunderbar klingendes Wort, aber ein Tagtraum. Und jetzt, fünf Jahre nach dem Fall der Mauer, sollte uns eine Fähre vom dänischen Esbjerg über die Färöer - Inseln nach Island bringen. Ich kann es mir noch nicht so richtig vorstellen. Wie sehr ich das Gefühl des Eingesperrtseins tief in mir verdrängt hatte, war mir zum erstenmal bewußt geworden, als ich Finnlands Seen im Abendlicht sah.

1989 war ich fünfundvierzig Jahre alt. Bisher hatte ich mich darauf eingestellt, den westlichen Teil der Welt erst sehr spät bereisen zu können. Zeitweise war der Gedanke recht bedrückend, aber ich mußte mit dem vermeintlich Unabwendbaren zurechtkommen und es innerlich annehmen, um seelisch nicht Schaden zu nehmen. Unzufriedenheit ist ein schlechter Wegbegleiter fürs Leben.

Der Fall der Mauer, der Zusammenschluß - alles war aufregend. Wir lebten in dieser Zeit voll innerer Anspannung. Das Befreiendste war die plötzliche Möglichkeit der Bewegung in alle Himmelsrichtungen. Nicht alle kennen das Fernweh, aber viele Menschen aus dem Osten Deutschlands erschließen sich die schönsten Plätze der Erde, seit wir die Freiheit zum Reisen bekommen haben. Die Namen von Naturwundern oder historischen Stätten werden lebendig durch eigenes Erleben. Die Erfahrung ist das beste Lehrbuch. Was wir persönlich gesehen, durchschritten oder befahren haben, ist abrufbar. Unsere am meisten gestellte Frage: Warum sollten wir die Welt mit ihren Schönheiten nicht sehen? Warum traute man nicht dem Verwurzeltsein der Leute mit ihrer Heimat? Und dann die Beruhigung: Wie gut, daß wir noch nicht zu alt sind, die Anstrengungen preiswerten Reisens durchzustehen. Und anschließend die Erkenntnis: Wir müssen die uns verbleibende Zeit sinnvoll nutzen, die ganze Welt kann nicht bereist werden in einem Menschenleben.

Tausenderlei Vögel gibt es,
und unergründlich ist ihr Flug,
genauso wie in der Seele die Flucht
der Gedanken, für die es keine Worte gibt...

Halldor Kiljan Laxness, Salka Valka

Djupivogur, am 5. Juli 1995

Der Sturm zerrt an den Zeltleinen. Die Zeltwand zirpt in schnellem Tempo, aufgeregt, wie es sich gehört in dieser ersten Bewährungsnacht. Wird das als sturmsicher deklarierte Zelt den Böen widerstehen? Ich liege warm verpackt im Schlafsack. Neben mir atmen gleichmäßig mein Mann und unser siebenjähriger Sohn. Ich versuche, ebenfalls einzuschlafen. Die erste Nacht auf Island. Mitternacht ist vorbei, und draußen ist es hell, erst gegen halb zwei wird die Dämmerung einsetzen, zwei Stunden später bricht der Morgen an. Diese Erfahrung liegt noch vor mir. Meine Gedanken sind wieder zu Hause.

Seit Wochen ist immer wieder unser Sommerreiseziel Island im Gespräch. Im Arbeitszimmer stapeln sich Reiseführer, Prospekte, Landkarten: Anreisevarianten, Fährverbindungen, Preise, Wetterverhältnisse. Was ist Island? Ein Land der Superlative, eines der teuersten Länder der Welt. Die Summe für Flug und Mietwagen, für kostspielige Hotelübernachtungen, das gibt unser Urlaubsbudget nicht her. Wir entscheiden uns zu campen.

Das ist auch die naturnaheste Lebensweise, und Island reizt uns wegen seiner Natur. Es ist die Insel aus Feuer und Eis. Ein etwa fünfzig Kilometer breiter Streifen aus Vulkankratern und dampfenden Quellen überdeckt von Südwesten nach Nordosten das Land. Iceland - eine Insel aus Eis unterhalb des nördlichen Polarkreises. Gletscher haben die tiefsten Fjorde in die Nord-, West- und Ostküste gegraben. Im Süden bebt in größeren Abständen die Erde. Außer Feuer und Eis birgt Islands Erde heißes Wasser. Weiße Dampfwolken steigen auf aus kochenden Quellen. Die größte Stadt wurde vom ersten Siedler, Ingolfur Arnason, auch so genannt - Reykjavik, die Rauchbucht. Die Erde wärmt das Wasser, kostenlos. Fast jeder kleine Ort kann sich den Luxus eines Freibades leisten. Das schlägt sich auf die moderaten Eintrittspreise nieder, wie wir gleich am ersten Tag feststellen können.

Was wird uns in den nächsten drei Wochen erwarten? Wird es eine Herausforderung an Mensch und Technik? Wird Island Begeisterung oder Enttäuschung auslösen? Aber schon diesen ersten Tag möchte ich nicht mehr aus meiner Erinnerung löschen....

Seydisfjödur, der einzige Anleger für Fähren aus Mitteleuropa, empfängt uns am Morgen des 6. Juli mit einer Temperatur von 10°C. Bei der Einfahrt in den langen Ostfjord begleiten uns Berge mit ihren Schneefeldern. Das Grün auf den unteren Hängen ist nicht so tiefdunkel und dicht wie auf den Färöer - Inseln. Dort haben alle Reisenden nach Island zwei Tage Aufenthalt. Die Fähre läuft in dieser Zeit das norwegische Bergen an und nimmt die Passagiere anschließend wieder an Bord.

Graubrauner Sand bestimmt den Eindruck. Der Himmel hat sich dick in finstere Wolkendecken gehüllt, der Wind weht kalt. Die Insel empfängt uns herbstlich abweisend. Nun beginnt das eigentliche Abenteuer: die Fahrt durch das Hochland in Richtung Süden. Links und rechts der Straße nur felsiges Gebirgsmassiv. Mit uns reisen gute Freunde, so daß wir uns in dieser mondähnlichen Landschaft geborgener fühlen. Zum Mittagessenkochen finden wir einen Birkenhain mit Bach und kleinem Wasserfall - zur Freude unseres Sohnes. Ich suche eine geschützte Stelle zwischen Felsen, wir nehmen den zerrenden Wind als islandtypisch hin.

Dann führt die Straße über den Paß mit überwältigenden Aussichten in alle Richtungen. Unsere beiden Fahrzeuge sind Punkte in der unendlichen Weite der Hochgebirgslandschaft. Die Ringstraße Nr. 1 besteht in diesem Gebiet nur aus grobem Schotter, wir fahren kaum schneller als dreißig Kilometer in der Stunde.

Ist die Reifenspur unglücklich tief eingefahren, knal-

Mittagsoase

len die Steine gegen den Unterboden des Wagens. Jeder dumpfe Aufprall läßt uns zusammenzucken. Aber die Impressionen des Panoramas entschärfen unsere besorgte Anspannung: Vor uns auf der linken

Seite dominieren jetzt die Grüntöne - weite Ebenen mit breit ausladenden Treppen bis ins Bergmassiv hoch, eingepferchte Pferdeherden, dichte Teppiche

Wollgras

weißer Wollgrasbüschel, die sich anmutig dem Sturm beugen, Brückenstege über Bäche, an den Hängen Lupinenwiesen.
Wir sind die ersten Stunden auf Island, für uns ist alles aufregend und ein Foto wert. Auch das Wetter will uns jetzt versöhnen: Helle Streifenwolken fliehen über blauem Grund. Die Sonne wärmt durch die Scheiben, so daß wir die dicken Pullover ausziehen. Nach vielen Stunden liegt vor uns in der Tiefe endlich das Meer, freundlich blautürkis. Wir erreichen unser erstes Ziel: Djupivogur. Ein kleiner Ort mit Kirche, Supermarkt in Miniausgabe, Hotel, Hafen, Tankstelle und Freibad. Erstaunt werden wir angesehen, als wir baden wollen. Das Wasser hätte nur 25°C, das wäre doch sehr kalt. Aber es ist herrlich. Nur der Kopf wird vom polaren Wind umweht. Am Abend ziehen Wolkenschwaden dunkel über uns hinweg, es regnet leicht. Mein Mann kommt freudig vom Erkundungsgang zurück. Auf dem Film ist ein besonderes Motiv gebannt: Mitten in einem Garten ein Gewächshaus mit blühenden Rosen. Es ist Juli. Unsere Sympathie für die Islandbewohner wächst.
In der winzigen Baracke auf der Zeltplatzwiese finden sich eine Dusche und ein Abwaschbecken für das Geschirr. Hier ist bei diesem Wetter das Kommunikationszentrum. Wir stellen den erfahrenen Islandfahrern die neugierige Frage, ob es hier im Sommer

9

immer so kalt sei? Die Antwort kommt prompt. Der kalte Wind wäre doch noch erträglich, manchmal regnete es auch tagelang. Aber da wir die Südküste westwärts wollten, würde uns dieses Vergnügen ganz bestimmt noch vergönnt sein... Immer noch werden die Zeltwände vom Sturm prall aufgeblasen und hin- und hergerüttelt, aber ich bin nun ruhig - das Zelt wird die Nacht sicher überstehen.

Skaftafell, Freitag, am 7. Juli

Morgens zeigt unser Thermometer 6°C. Erbarmungslos fegt der Wind vom Hafen über die strauchlose Zeltplatzwiese. Im Schutz der Hotelaußenwand kocht endlich das Teewasser. Um neun Uhr brechen wir auf nach Skaftafell. Unterwegs stellen wir die Autos bei einer Jugendherberge ab, in die wir einen neugierigen Blick wagen. Sie ist gemütlich mit hellen Naturmöbeln ausgestattet, geräumig und sauber, fast Hotelkategorie - zu unserem Campen ein echter Komfortkontrast.
Mit leichtem Rucksack wandern wir zu den farbigen Liparithfelsen. Es geht sich wunderbar weich auf dem Moosboden, und wir kommen gut voran. Nach etwa einer Stunde Fußmarsch ist das Gelände mit einer dichten Strauchschicht bedeckt. Wir suchen Schafspfade durch das niedrige Birkendickicht, um uns das Aufsteigen zu erleichtern. Ab und an rutscht scherbiges Gestein unter den Füßen weg, gut, daß unsere derben Wanderschuhe ein robustes Profil unter den Sohlen haben. Über uns kreist aufgeregt eine Schnepfenmutter und versucht, uns von ihren Jungen wegzulocken. Zufällig stoßen wir dennoch auf das Nest mit den fast nackten, zartrötlichen Vogelkörpern. Ein aufregender Anblick für unser jüngstes Expeditionsmitglied. Wir beeilen uns weiterzugehen und hören noch lange die empörten Schreie der Vogelmutter.
Von den Höhen des Berges genießen wir die Aussicht auf das weite Flußtal zu unserer Linken. Die Jökulsa i Loni fließt weit gefächert dahin. Zwischen den zahlreichen Sandbänken strömt trübe das Gletscherwasser.
Ich grabe dieses Bild in mein Gedächtnis. Nach reichlich zwei Stunden geben wir auf, ohne die Liparithberge gesehen zu haben. Auch der Versuch, die bunten Felsen mit den Autos zu erreichen, mißlingt, weil die Räder bei einer etwas steileren Anhöhe im weichen Schotterboden durchdrehen. Wir

bedauern, wie noch viele Male, kein hochbeiniges Fahrzeug zu besitzen. Das Mittagsgericht kochen wir am Gletscherfluß, dessen schnelle Strömung unser Sohn inzwischen mit einem Staudamm aus größeren Geröllsteinen verlangsamen will.

Weiter geht die Fahrt auf der Ringstraße, die auf einem aufgeschütteten Damm die weite Ebene der Gletschersander überquert. Lange Zeit nähern wir uns in weitem Bogen einer interessanten Felsformation. Sie ähnelt einer Fledermaus mit ausgebreiteten Flügeln und trägt daher den Namen Batman.

der Batman

Die Bergflanke auf der rechten Seite ist stark zerfurcht. Hinter der bemoosten Ebene am Straßenrand erheben sich helle Schuttkegel, die sich abwechseln mit einer Geröllandschaft. Gewaltige Gesteinsbrocken liegen am Hang verstreut, wie von Riesen nach einem Spiel zurückgelassen.

Wir halten in Hövn, unsere Freunde brauchen eine neue Gummimanschette für den streikenden Benzinkocher. Beim dritten Anlauf geraten wir an einen älteren Verkäufer. Seine lebhaften Augen betrachten kritisch den Schaden. Wortlos verschwindet er in die Tiefe der hohen Regalteile. Auf den langen Brettern stapelt sich das verschiedenste Zubehör aus Metall, Plaste, Gummi. Es riecht nach Öl und Schmierfett. Nach wenigen Minuten hören wir wieder seine schlurfenden Schritte. Mit Augenmaß schneidet er das Ersatzteil passend zurecht. Über sein zerfurchtes Gesicht huscht ein leichtes Lächeln, als wir ihm herzlich danken. Diese unkomplizierte Hilfe werden wir noch desöfteren wohltuend empfinden. Mit leichtem Bedauern verlassen wir das moderne Küstenstädtchen, lange den strengen, intensiven Fischgeruch in Erinnerung, den der Wind von den Kaianlagen durch das Hafenviertel treibt. Außerhalb der Stadt treffen wir auf eine Kunstgalerie und ihre sympathische Inhaberin. In dem freundlichen Raum finden alle volkskundlichen Gegenstände unser Gefallen: Gestricktes aus Schafwolle, geschliffene Halbedelsteine, Keramikartikel. Besonders angetan sind wir von den Aquarellen mit isländischen Landschaftsmotiven, verzichten aber dann leider doch auf einen Kauf, weil wir ja noch viele ähnliche Läden sehen werden. Später denken wir manchmal mit Bedauern an unsere Unentschlossenheit. Aber wenigstens für eine warme Pudelmütze aus Schafwolle entscheide ich mich.

Die weitere Fahrt führt durch eintönige schwarze Lavafelder. Die Trostlosigkeit der Landschaft setzt sich im dunkelgrauen Himmel fort. Man könnte melancholisch werden, weit und breit kein Baum, kein Strauch, keine aufmunternde Farbe. Im Auto ist es still, jeder hängt seinen Gedanken nach. Aufregend wird es erst, als auf der rechten Seite Ausläufer eines Gletschers auftauchen. Wie ein zerfurchter Strom schiebt er sich schmutziggrau durch die Berge fast bis an die Straße vor. Gletscher führen Gesteinsschutt mit, der dann als Endmoräne abgelagert wird und nur kargen Bewuchs zeigt. Auf dem einsamen Gletschervorland bieten kleine Hügel und Mulden die einzige Abwechslung. An den Gletscherzungen tritt das Schmelzwasser als Gletscherbach aus, das Eis kehrt in den Wasserkreislauf zurück. Manche Gletscherzungen begleiten uns viele Kilometer.

Nach endlos scheinender Fahrt sind wir plötzlich hellwach. Es ist, als ginge ein Ruck durch unseren Körper. Was ist das vor uns? Eine Halluzination? Mitten aus dem Lavafeld tauchen hellblaue Eisbergspitzen auf. Wir erreichen die berühmte Jökulsarlon-Gletscherlagune. Majestätische Eisberge schwimmen in Türkisblau auf dem See. Sprachlos stehen wir vor diesem Phänomen. Die gewaltigen Eisblöcke wirken wie angewachsen auf der spiegelglatten Wasseroberfläche. Ein Ort der Ruhe. Unser Sohn wird von den bizarren Formen angeregt, die Ungetüme mit Dingen aus seiner Erfahrungswelt zu vergleichen. Da ist eine Nacktschnecke mit großen Fühlern, dort der Kopf einer Echse. Ein Märchenschloß wird von mehreren großen Schiffen umrundet, sogar ein U-Boot ist dabei.

Das Eis schimmert bläulich, von schwarzer Lava-
asche durchzogen. Irgendwann ist es krachend von
der Gletscherkante abgebrochen. Dieses erschrek-
kende Geräusch habe ich noch von einem Gletscher
in Norwegen im Ohr, wo wir Zeugen so eines Schau-

Jökulsarlon-Gletscherlagune

spiels wurden. Der einhundertfünfzig Meter tiefe See
entstand erst in der Mitte dieses Jahrhunderts aus
dem Schmelzwasser des Gletschers. Die blauen
Gletscherbrocken brauchen zum Abschmelzen mehrere Jahre, bis sie über das Wehr in das tieferliegen-
de Meer hinwegschwimmen können. Ein Mann mit
einer Kamera vor der Brust steigt in ein Schlauch-
boot, das Motorengeräusch zerreißt die Stille. Will er
sich der Illusion einer Polarexpedition hingeben? Es
muß schon ein seltsames Gefühl sein, sich einsam
zwischen den hohen Eisspitzen zu bewegen, die gei-
sterhaft reglos aus dem Wasser ragen. Wir wandern
am schwarzen Strand entlang und lassen flache
Steine über die Wasseroberfläche springen.
Abends erreichen wir den Zeltplatz im strömenden
Regen. Die Erde dampft, es ist windstill. Wir bauen
unser Zelt in Skaftafell unterhalb des Vatnajökull auf.
Er ist im Vergleich zu allen anderen Plätzen, die wir
noch erreichen werden, sehr groß ausgelegt und auch
gut belegt am Wochenende. Es wird erzählt, daß jeder
Isländer bestrebt ist, einmal im Jahr hierher zu kommen. Im Schutze des größten Gletschermassivs Europas kriechen wir ins Zelt. Die zweite Nacht bricht an.

Skaftafell, Sonnabend, am 8.Juli

Die ganze Nacht tröpfelt der Regen eintönig auf die Zeltplane, aber am Morgen brechen vorsichtig einige Sonnenstrahlen durch. Jetzt erst sehen wir die Schönheit des Platzes. Der Gletscher ist zum Anfassen nah. Rechts von ihm liegen die dunkelgrünen Hänge der Berge, dahinter erhebt sich die weiße Kappe eines Tausendfünfhunderters.

Mit Verpflegung, Wetterkleidung und heißem Tee ausgerüstet, machen wir uns fertig zur Tageswanderung. Obwohl der Regen wieder leicht einsetzt, ist die Luft mild. Kleinere Gruppen ziehen schräg über den Platz zu den Bergen, und wir beeilen uns mit dem Aufbruch. Unser erster Fotostopp ist am Svartifoss. Im Halbrund der Steinbucht strömt der Wasserfall über eine Wand aus Basaltsäulen, die an Orgelpfeifen erinnern. Inzwischen hat die Sonne den Kampf für sich entschieden, und wir verstauen unsere überflüssige Kleidung in die Rucksäcke. Schnell bringt uns der Aufstieg über den baumlosen Schotterhügel ins Schwitzen, die Brillen beschlagen. Später wird der Weg begehbarer. Um den Erdboden zu schonen, haben die Umweltschützer einen Holzpfad durch das Gelände gelegt, den wir gern annehmen.

Wir befinden uns am Rande des Nationalparks. Alles sieht nah aus, auch die im Wanderführer verzeichne-

Grassodenhäuser vor einer Sanderebene

te dampfende Quelle, aber sie bleibt Stunden anstrengenden Fußmarsches von uns entfernt. Unsere Vorwanderer, nach deren Beschreibung wir uns richten, scheinen sehr gut zu sein. Wir Flachländer schaffen

die vorgegebenen Zeiten nicht einmal annähernd.
Oder staunen wir einfach zu lange über die vielen verschiedenen botanischen Besonderheiten? Mehr als
zweihundert Pflanzenarten soll es hier im National-

Silberwurz

parkgebiet geben. In der Strauchheide begleiten unseren Weg Krähenbeeren und Bärentraubensträucher,
niedrige Birken und Weidengewächse. Auf moorigem
Grund wiegen sich die verschiedensten Sauergräser
im Wind. Dem weiß blühenden Silberwurz mit seinen
dicklichen, runden Blättern sind wir schon gestern
begegnet. Immer wieder setzen uns die kleinen
Pflanzenpolster auf den unbewachsenen Sander-
flächen in Erstaunen. Die rosa und weiße Grasnelke,
der pinkfarbene Arktische Thymian und das
Leimkraut bilden leuchtende Blütenflecken inmitten
des ringsum kargen Bodens.
Unendlich zieht sich die Morsadalurebene dahin. Von
der in der Ferne zu erkennenden Eisfläche schieben
sich Sanderflüsse in den verschlungensten Formen
zum Meer. Eine lange Brücke überspannt die Morsa,
durch das Gitterrost blicken wir auf die reißende
Strömung der beiden Gletscherarme. Das Wasser
muß eisigkalt sein und verlockt noch nicht einmal in
Gedanken zum Baden.
Heute sind wohl zu viele Menschen unterwegs, wenigstens bleiben wir von den gefährlichen Attacken durch
die Skua-Raubmöwen verschont. Diese große Vogelart
lebt und brütet in der Einsamkeit des Gletscher-
vorlandes. Als endlich das schwarze Wüsten-
schotterfeld hinter uns liegt, machen wir in einem
Lupinenfeld Mittagsrast und lassen uns in das Meer

15

der violettweißen Blütenstände sinken. Der Samen wird seit den fünfziger Jahren aus dem Flugzeug gesät. Auf diese Weise gelingt der Versuch, die Erosion zu stoppen. Jetzt muß man dem Segen in den oberen Gebirgslagen schon wieder durch Abmähen Einhalt gebieten, damit kleinere Pflanzen ihren Lebensraum behalten. Die blühenden Kerzen der Lupinen setzen einen Kontrast in die graue Landschaft.

Auf der anderen Seite der schwarzen Sandebene entdecken wir den ersten höheren Birkenwald. Ich laufe vor, dem lautstarken Brausen des Wassers folgend, beuge mich hinunter in die Tiefe zum reißenden Gletscherfluß. Die anderen drängen nach, und ich trete zurück. Ein weiterer Schritt rückwärts, den ich aus unerklärlichem Grund nicht ausgeführt habe, hätte mich in eine zwanzig Meter tiefe Schlucht gestürzt. Nachträgliche Angst schnürt mein Herz zusammen. Dann steigen wir auf über weite Terrassen bis in die Wolken, um auf den Gletscher zu sehen. Das Gefühl der eigenen Bedeutungslosigkeit erfüllt mich, allein in dieser moosbewachsenen Hochebene. Die anderen sind umgekehrt. Ich möchte nicht aufgeben und klettere noch etwas höher. Schließlich gebe ich doch der Vernunft nach und gehe zurück.

Skaftafell, am 9. Juli

Am heutigen Sonntagmorgen brechen wir auf nach Hvolsvöllur. Wir wollen möglichst schnell die schwarze Wüste hinter uns bringen. Der Wind schiebt wieder aufgeschüttelte Regenbetten vor sich her. Wie ein düsteres Band windet sich die Straße vor uns. Wir durchqueren die Gegend der gefürchteten schwarzen Sandstürme. Wenn hier der Sturm tobt, haben die schwarzen Sandkörner, vom Wind hochgewirbelt, die Wirkung eines Sandstrahlgebläses. Außerdem kann es passieren, daß die Straße für Tage gesperrt wird. Deshalb wählten wir den Kurs von Ost nach West für unsere Inselumrundung, um diese wetterinstabile Strecke zu Beginn unserer Fahrt überwunden zu haben. Linker Hand zieht sich die schwarze Ebene mit dem Lavagestein bis ans Meer, auf der rechten Seite lagern ebenfalls nur diese schwarzen Steine bis an den Fuß der Gebirgskette.

In Nupsstadur biegen wir ein paar Meter von der Straße ab und besuchen eine kleine Kapelle. Uralt duckt sie sich unter ihr grünes Grassodendach.

Innen im Gemeinderaum finden links und rechts entlang der Wand nur wenige Menschen Platz, den hinteren Raum füllt ein zwei Jahrhunderte altes Harmonium. Ich betätige die etwas schwerfälligen Fußpedalen für den Luftstrom und spiele eine Weise aus dem 16. Jahrhundert, deren Noten gerade aufgeschlagen

Kirche von Nupsstadur

sind. Eine musikalische Morgenandacht? Das mögen die deutschen Touristen gedacht haben, die inzwischen, von mir unbemerkt, die bequemen Reisebussitze mit den harten Bänken der Kapelle getauscht haben.

In dem Dorf mit dem selbst für Isländer schwierigen Namen Kirkjubaejarklaustur suchen wir auf einer Informationstafel nach der Stelle, die bekannt ist für ihre lange Zeit nicht enträtselte „Basaltpflasterung". Dazu müssen wir die Hauptstraße verlassen und rechts abbiegen. Auf dem Parkplatz stellen wir die Autos ab. In der Meinung, unserem Ziel nahe zu sein, überwinden wir die nächste Umzäunung über die übliche „schafssichere" Stehleiter und wandern einen Wiesenpfad entlang. Der nasse Boden klebt an den Schuhen. Nieselregen setzt sich in winzigen Tropfen auf die Jacken. Trotz aufkommender Zweifel steigen wir steil aufwärts. Das Plateau bringt uns zwar fast in die Wolken, aber wir müssen uns eingestehen, daß unser gesuchtes Wunder dort nicht zu finden ist. Der Rückweg vollzieht sich schweigend. Sollen wir einfach aufgeben und weiterfahren?

Basaltsäulen von Kirkjubaejarklaustur

Dann entdecken wir das Hinweisschild fast alle gleichzeitig. Natürlich liegt die Kuriosität ganz fußfreundlich nur wenige Meter vom Straßenrand entfernt. Kirchenbodenähnlich reihen sich sechseckige Basaltfliesen aneinander. Blankpoliert scheinen sie wie von Menschenhand verlegt.

Das mögen auch die Wikinger gedacht haben, jedoch mieden sie diesen Platz. Sie vermuteten, daß er mit einem Fluch der irischen Mönche belegt sei. Sie sollen die ersten Siedler der Insel gewesen sein aus Irland, die hier einen stillen Ort zur Meditation suchten. Die Reise nach Island erfolgte wahrscheinlich erst nach den Missionstaten des Mönchs St. Patrick, also um 435. Sie kamen in einfachen Booten, deren Weidengeflecht mit Häuten überzogen war. Im neunten Jahrhundert fielen die Wikinger auf Island ein und verjagten die irischen Einsiedler. Heute weiß man, daß die Basaltsäulen durch ganz natürliche vulkanische Tätigkeit entstanden sind.

Am frühen Nachmittag erreichen wir endlich Vik. Wir fühlen uns heimisch, wohnen doch auch wir in einem Ort, der eine „Bucht" bezeichnet. Die Ansiedlung mit vierhundert Einwohnern ist bekannt wegen ihres schwarzen Strandes, an den mit Wucht die Wellen des Nordatlantik prallen. Etwas weiter draußen ragen zerklüftete Felsformationen aus dem Wasser. Sie sind ein Zuhause für die arktischen Seeschwalben.

Wir beobachten die Überfahrt eines hellblauen Amphibienbootes zu den Vogelfelsen. Auf dem Metallboot mit Rädern sitzen dicht zusammengedrängt, in orangefarbene Schwimmwesten geschnürt, frierend Touristen auf Abenteuersuche. Das Fahrzeug holpert über den Strand, nimmt trotz seiner Klobigkeit elegant die breiten Priele und schiebt sich klatschend ins Meer.

An der Wand eines Souvenirladens stelle ich unseren Kocher auf, um das Essen zu wärmen. Nach wenigen Minuten tritt ein Verkäufer aus der Tür, rückt einen an der Ecke stehenden Plastetisch heran und trägt aus einem Innenraum noch drei Stühle herbei. Mit einem freundlichen Kopfnicken eilt er zurück ins Haus.

Strand von Vik

Oberhalb des Ortes grüßt eine kleine Kirche mit einem rotgedeckten Langschiff. Sie ist auf dieser erhöhten Stelle errichtet, damit sie von den heimkehrenden Seefahrern zuerst gesehen wird. Beim Hinausfahren bleibt sie der letzte Punkt zum Abschiednehmen ...

Hvolsvöllur, Montag, am 10. Juli

Heute morgen kriechen wir bei strömendem Regen aus dem Zelt. Es scheint, daß der Himmel alle Schleusen geöffnet hat. In kurzen Sprüngen gelingt die Flucht in die Zeltplatzhütte. Abwarten lohnt nicht. Wir stecken mitten in einer Waschküche. Himmel und Erde verschmelzen im Wasser. So verwerfen wir unseren wohlklingenden Plan, innerhalb von fünf Minuten

19

zu den Westmännerinseln zu fliegen, um die Spuren des vor wenigen Jahren ausgebrochenen Vulkans auf Heimaey zu sehen. Ebenso verzichten wir auf die Busfahrt zum Heklavulkan, da die Sicht einfach zu miserabel wäre. Entgegen aller Ordnungsprinzipien wird das Zelt zusammengeworfen und unter die Heckklappe gestopft.

Wir fahren weiter mit dem Ziel Langavatna. Unsere Stimmung ist nicht die allerbeste, aber dann stehen wir nach wenigen Kilometern in Oddin in einer bezaubernden Kirche, die von einem der ersten Schriftgelehrten auf Island kündet. Wie viele andere Gotteshäuser der Insel nimmt uns die warme Atmosphäre des Raumes gefangen. Holzwände und Holzdecken, Töne in Blau und Gold. Die Schritte zum Altar werden durch einen weichen Teppichboden gedämpft. Auch die Sitze sind gepolstert, kein Vergleich zu den kalten Kirchen unseres heimatlichen Nordens.

Ehrfurchtsvoll sehen wir auf ein dickes Buch im Ledereinband, das, geschützt vor zerstörerischen Einflüssen, in einer Glasvitrine liegt. Die alte Literatur mit den Sagas und der Edda spielt in Island eine bedeutende Rolle. Die Sagas erzählen davon, wie Island in Besitz genommen wurde und vom Leben auf der Insel bis zum Beginn des elften Jahrhunderts. Obwohl sie als literarische Zeugnisse gelten, dienen sie auch als Geschichtsbuch. Sie berichten von den Vorgängen zu einer Zeit, als die Isländer sich im tiefsten Mittelalter bereits eine demokratische Staatsform errichteten.

Die Sprache der Sagas wurde damals in ganz Skandinavien gesprochen und hat sich allein in Island bis heute fast nicht verändert. Die literarischen Quellen für die Landnahmezeit sind das Islendingabok und Landnamabok. 1117 gilt als Beginn der isländischen Literaturgeschichte.

Als Romanschriftsteller ist besonders Halldor Kiljan Laxness, geboren 1902, bekannt. In seinen Büchern nimmt er im epischen Sagastil sozialkritische Themen auf und wählt als Hauptfiguren einfache Menschen. Ich freue mich, daß wir an der Straße das kleine Hinweisschild „Kirche Oddin" nicht übersehen haben. Nur ungern verlassen wir diesen Ort der inneren Einkehr und Harmonie.

Gegen Mittag machen wir Halt in Skalholt. Auf einem hohen Berg erhebt sich ein eindrucksvoller, in seiner Mächtigkeit aber schlichter Kirchenbau. Er ist Magnet für viele Touristen. Die Nähe von Reykjavik macht sich bemerkbar. Immerhin war Skalholt über

20

siebenhundert Jahre ein mächtiges theologisches Zentrum. Vom Kircheninneren gelangen wir über eine Treppe nach unten in die Krypta, wo Steinsärge und alte Dokumente zu betrachten sind. Modergeruch schlägt uns entgegen, als wir die Eichenbohlentür öffnen. Sie führt zu einem unterirdischen Gang, der einst zum früheren Dom des Mittelalters gehörte, und entläßt uns zurück ins Freie.

Die Route führt uns nun zum Höhepunkt dieses Tages: Wir wollen endlich mit eigenen Augen einen tätigen Geysir sehen. Das geothermische Gebiet kündigt sich an mit einem dampfenden See, umgeben von vielen Gewächshäusern. Dann sind wir am Ziel!

der Geysir Strokkur

Ungeduldig klettern wir aus dem Auto und beschleunigen unsere Schritte. Ohne die kleineren Dampflöcher des großflächigen Areals zu würdigen, eilen wir zu der Stelle, wo die meisten Menschen, im Kreis stehend, erwartungsvoll auf ein Wasserloch starren. Ein in niedriger Höhe gespanntes Seil hält uns in respektvollem Abstand zurück. Eine Tafel gibt den Hinweis auf den Namen des Geysirs „Strokkur", auch Butterfaß genannt. Nach wenigen Minuten zeigen sich Blasen in der Mitte des kleinen runden Sees, dann glättet sich die Oberfläche wieder. Für Sekunden schiebt eine Luftblase das Wasser wie zu einer Käseglocke empor, und überraschend schießt eine dicke Fontäne auf, bleibt in einer Höhe von ungefähr zwanzig Metern stehen, fällt nach zwei bis drei Sekunden in sich zusammen, als würde sie von unten hinabgesogen in die unergründlich heiße Tiefe. Alles passiert so schnell, daß wir uns auf den zweiten Ausbruch innerlich besser einstellen wollen. Aber nach fünf Minuten sind wir wieder überrumpelt. Diesmal folgt dem Hauptausbruch noch eine kleinere Wassersäule nach, extra für uns? Überall verstreut sehen wir Löcher wie Kaninchenbaue, aus denen es dampft, raucht, faucht und zischt.

Beißender, zum Teil schwefelartig stechender Geruch reizt empfindlich unsere Nasenschleimhäute. Unser Sohn läuft aufgeregt von einem Schlammloch zum nächsten fauchenden Strudeltopf. Jeder überrascht uns neu in seiner Art: Schmutziggrauer Schlamm, aber doch glänzend, hellgelber Schwefel, über die Jahrhunderte abgelagert an den Decken der Erdöffnungen, dunkles Rot ins Rostbraun wechselnd. Fast bescheiden im Hintergrund liegt der große Geysir unbeweglich als runder See. Der dunklere Schlund in der Mitte läßt eine geheimnisvolle Tiefe spüren. Zu schade, daß er seit Anfang dieses Jahrhunderts schweigt, weil zu viele Dinge hineingeworfen wurden. Nur selten wird er mittels Seife künstlich zum Ausbrechen gebracht. So haben die Isländer einen Geysir, dessen Fontäne sie sich zum Nationalfeiertag „bestellen" können. Ihm verdanken alle heißen Springquellen den Namen Geysir. Ich lege meine Hand auf den verkrusteten Uferrand, die Sinterablagerungen fassen sich heiß an. Ein Hinweisschild warnt vor Verbrühungen bei zu dichtem Herangehen oder gar Berühren.

Die Wolkendecke reißt auf, ein Stückchen Blau läßt sich ahnen, dann bricht die Sonne durch! Ein lichter Himmel wölbt sich über dieses blubbernde Stück Erde, unter dessen Oberfläche es kocht. Das Geysirfeld ist gut vermarktet, ein Komforthotel und diverse Souvenirläden stehen an der Straße, aber in die Landschaft eingebettet. Es scheint, als gäben sich die Reisebusse aus der Hauptstadt hier ein Rendezvous. Wir nutzen das kostenlose Autowaschen, do it yourself, versteht sich, unkompliziert und praktisch. Lange Schläuche mit einer Bürste am Ende. Danach fahren wir eine kurze Strecke weiter. Die Autos bleiben auf dem Plateau, und wir laufen den ausgeschilderten Pfad zu einem der schönsten Wasserfälle der Welt, dem Gullfoss. Schon von weitem hören wir sein Brausen. An dieser Stelle ergießt sich der Hvita über die Gullfoss-Fälle. Er wird vom Gletscherwasser gespeist und ist einer der wenigen Flüsse Islands, der auf weiten Strecken befahrbar ist. Hinter der Bergbiegung führt der Pfad an dem Felshang nördlich abwärts.

Den Canyon überspannt ein prächtiger Regenbogen, durch ihn hindurch tosen grandiose Wassermassen. Und dann stehen wir wie angewurzelt direkt vor dem Naturschauspiel. Über zwei hohe, breite Stufen, die zweite Kante verläuft winklig zur ersten, stürzt das

← Gullfoss Wasserfall

Bachnelkenwurz am Gullfoss

Wasser des Hvita mit donnerndem Getöse tief in die Felsschlucht hinunter. Eine dichte Wolke feinster Wassertröpfchen schwebt über der Schlucht, von der Wucht des Aufpralls zerstäubt. Wir verspüren ein angenehmes Gefühl auf dem Gesicht. Der Fluß strömt in dem zweieinhalb Kilometer langen Canyon abwärts, durch die Schlucht unseren Blicken verborgen.

So stelle ich mir die Niagara-Fälle vor, vielleicht mögen sie noch etwas breiter sein? In der sprühfeuchten Luft wächst eine üppige Vegetation. Nie habe ich die zart-braunen Glocken des Bachnelkenwurz größer und kräftiger gesehen. Noch ein Naturwunder an dieser Stelle, wenn auch unscheinbarer. Auf dem Rückweg entdecken wir eine Steintafel mit dem Bildnis der Bauerntochter Sigridur Tomasdottir. Ihr wurde hier am Wasserfall ein Denkmal gesetzt. Die Regierung plante, an dieser Stelle die Kraft des Flusses für ein Wasserkraftwerk zu nutzen. Diese junge Frau besaß den Mut, dagegen anzugehen. Sie drohte sogar, sich in den Fluß zu stürzen. Die Regierung gab nach, und so ist heute allen Menschen der Gullfoss als einzigartiges Naturdenkmal erhalten geblieben.

Unser Respekt gilt dieser engagierten Frau. Wie oft mischt sich der einzelne heute nicht ein, weil er meint, allein könne er gegen menschlichen Unverstand nichts ausrichten. Neben dem Parkplatz lädt ein runder Holzbau zum Beschauen einer Fotodokumentation und einer Gesteinssammlung ein. Kein Imbißstand, kein Souvenirladen, sondern informative Bildung für Interessierte. Und wer den Weg hierher findet, ist interessiert.

Wir fahren nach Latnavatna, Islands ältestem Kurort, an einem stillen See gelegen. Diesen Abend werden wir nicht vergessen. Es ist der einzige, an dem wir eine nervende Mückenplage erleben. Es sind in Wirklichkeit wohl kleine Fliegen, Myriaden dieser kribbelnden Kleinstinsekten, die in der Abendluft tanzen. Sie dringen in das Ohr, hinter die Brille, in die Haare, in den Nacken, in die Augen, überallhin, wo sie Haut riechen oder was immer ihr Motiv sein mag.

Während des Frühstücks am Morgen beobachte ich drei junge Waldarbeiter, die in das bergige Tannenwaldstück gegenüber aufsteigen. Sie tragen auf dem Rücken Flaschen wie zu einem Tauchereinsatz, ein grüner Hut mit einem herabfallenden Netz schützt Gesicht und Nacken. In der Raststätte nebenan entdecken wir eben jene Kopfbedeckung. Wir erweitern unser Gepäck. Vermutlich können wir diese Imkerausrüstung noch am Myvatn, dem Mückensee, verwenden.

Reykjavik, Dienstag, am 11. Juli

Unser Tagesziel heute heißt Reykjavik. Erster Stopp für mehrere Stunden soll Thingvillur sein. Über bergige Schotterstraßen, durch heidebewachsene Täler fahren wir zum historischsten Platz Islands. Die Natur hat hier eine kilometerweite Ebene mit einer Felsenmauer, dem Lögberg, geschaffen. Diese freie Fläche war hervorragend als Versammlungsort des Parlaments geeignet.

Die einzelnen Landbesitzer (Godi-Götter genannt) bestimmten in ihren Gebieten und wollten keinen Führer über sich haben. So entstand im Jahre 930 das Althing. Es trat jährlich für zwei Wochen zusammen, da bestimmte Probleme nur zentral geklärt werden konnten. Während die 36 - 39 Stammesführer tagten, durfte jeder freie Mann an der Sitzung teilnehmen.

Der Lögberg ist der Gesetzesfelsen, vor dem der Rechtssprecher die isländischen Gesetze auswendig hersagen mußte. Die Akustik ist so hervorragend, daß er von den untenstehenden Zuschauern gut zu verstehen war. Zu diesen Veranstaltungen strömte das Volk zusammen. Zelte und Buden wurden aufgestellt. Die Menschen feierten, handelten, sangen und erzählten. So wurden Kultur und Sprache gefördert.

Das Land durchlebte aber harte Zeiten, nachdem sich 1262 das Althing dem norwegischen König unterwerfen mußte. Die Versorgung mit wichtigen Gütern aus Norwegen klappte nicht. Dazu kamen Naturkatastrophen wie Vulkanausbrüche, Sturmfluten, Erdbeben, strenge Winter. Das bedeutete Treibeis, geringe Fangergebnisse und Hungersnöte, die gefolgt waren von Epidemien und ansteckenden Krankheiten. Menschen und Tiere starben. Piraten und Schmuggler plünderten im Land. Nach der Vereinigung der skandinavischen Länder am Ende des 14. Jahrhunderts herrschte nun Dänemark über Island. Die dänischen Verwalter verlangten unbedingten Gehorsam. Mit Beginn des 19. Jahrhunderts wurde das Althing abgeschafft.

Wir wandern auf breiten Wegen, die schon vor tausend Jahren begangen worden sind, klettern auf ein hohes Felsplateau. Endlos dehnt sich die Ebene, der Himmel taucht ein in die blaue Stille des Thingvallavatn, Islands größtem See.

Es ist schon aufregend, daß ich an einem Ort bin, wo man das Auseinanderdriften der tektonischen Erdplatten nachweisen kann, die des amerikanischen und des europäisch-afrikanischen Kontinents. Ein Riß, der sonst nur auf dem Grund der Ozeane verläuft, ist auf Islands Oberfläche zu sehen. Vom Felsen herab blicken wir auf eine blauweiße Kirche, der sich ein kreisrunder Friedhof mit nur zwei Grabplatten anschließt. Lediglich zwei Persönlichkeiten, die Dichter Jonas Hallgrimsson und Einar Benediktsson, hatten die Einwilligung zu der hohen Ehrung gegeben, hier bestattet zu werden.

Die Lichtstrahlen gewinnen an Kraft, die besonnten Steine übertragen die Wärme in unser Gemüt. Auch deshalb bleibt uns diese historische Stätte in guter Erinnerung. Wir können zum erstenmal kurzärmlig gehen. Auf einer Brücke laufen wir über den Oxara-Fluß, unter ihm liegt der sogenannte Ertränkungs-

teich. Während den Männern bei Vergehen ein schneller Tod durch Enthaupten zugestanden wurde, steckte man Frauen, die sich schuldig gemacht hatten durch Kindesmord oder Ehebetrug, in einen Sack und ließ sie jämmerlich im Teich ertrinken.
Durch die kühle Felsenschlucht gehen wir zurück. Die Mittagspause wird an einem rasengrünen Hang lange ausgedehnt. Über uns das hohe Blau, vor uns die wildbewachsene Vulkangesteinsebene, dazu das

ein Kleinod in der Thingvillur-Ebene

Gefühl eines fast unendlichen Zeitvorrats, eben Urlaub. Wir wollen noch nicht zum Zeltplatz nach Reykjavik, deshalb fahren wir über Selfoss nach Süden in zwei alte Fischerdörfer am Meer. Bunte Häuser im Nachmittagslicht, stille Straßen, ein paar spielende Kinder. Tiefster Frieden. Trotz Nachfragen finden wir das Meeresmuseum nicht, dafür aber einen mit Grassoden belegten Bunker, wo in vorigen Jahrhunderten Schiffbrüchige Zuflucht fanden und von den ortsansässigen Frauen betreut wurden. Auch am Gefängnis der Insel fahren wir vorbei, das aber nur einen Insassen beherbergen soll.
Auf dem breiten Strand sind wir ganz allein, sammeln Krabbengehäuse und dickschichtige Muschelschalen

in den verschiedensten Farben und Formen. Der Strand ähnelt hier dem der Ostsee, der Sand ist etwas grauer und grobkörniger. Außerdem wird die helle Fläche vielfach von Tupfern grüner Strandpflanzen unterbrochen. Immer wieder schießen die arktischen Seeschwalben im pfeilschnellen Sturzflug auf uns herab, um auf unsere Köpfe zu hacken. Wir sind ungebetene Eindringlinge in ihrem Brutgebiet, die verjagt werden müssen. Sie gleiten sehr anmutig, aber ihre Attacken sind bedrohlich. Mein Mann bleibt in gebührendem Abstand an der Uferstraße zurück. Später schützen wir uns durch das Hochhalten eines Stockes, was die Segler aber nicht davon abhält, aufgeregt und in den schrillsten Tönen zu kreischen, bis wir uns weit genug von ihnen entfernt haben. Trotzdem genießt dieser schnelle Vogel unsere uneingeschränkte Bewunderung, denn in jedem Frühjahr bewältigt er siebzehntausend Kilometer von der entfernten Antarktis bis auf die Insel.

Bis zum Zeltplatz in Islands Hauptstadt ist es nicht mehr weit. Kurzgehaltene Rasenflächen, sehr saubere Anlagen, Herdplatten, Waschmaschinen, Trockner und natürlich viele Campingfreunde - wir sind zufrieden. Unser Sohn jubelt, denn gegenüber ist eine große Wasserfläche mit einer Riesenrutsche zu sehen. Wir entschließen uns, drei Tage zu bleiben.

Reykjavik, Mittwoch, am 12. Juli

Diese Zeit gehört Reykjavik und seiner Umgebung. Wir fühlen uns sehr wohl. Vom lasurfarbenen Himmel strahlt Freundlichkeit. Das bedeutet am Tage sommerliche Temperaturen, leichte Kleidung, keine schweren Wanderschuhe. In erwartungsfroher Stimmung brechen wir auf, die unbekannte Stadt zu erkunden. Auf unserem ersten Stadtbummel erleben wir mittags ein Orgelkonzert in der imposanten Hallgrimskirche, einer weißen Basaltkirche.
Ich lasse mich beeindrucken von der Architektur des sakralen Baus. Die Wände und Pfeiler streben scheinbar unendlich in himmlische Höhen. Durch die schmalen Fensterschlitze hinter dem modernen Altartisch sieht man auf die Straßen hinunter, denn die Kirche ist auf dem Arnaholl-Hügel (Adlerhügel) mitten im Zentrum der Stadt erbaut worden. Ein Fahrstuhl bringt uns in die fünfundsiebzig Meter hohe Turmspitze, von der wir auf die bunte Stadt und auf den fast hundert Kilometer entfernten Gletscher

Snaefellsjökull sehen, der im Nordwesten in der Sonne blinkt.

Der Bau der Kirche war wegen ihrer ungewöhnlichen Form sehr umstritten und hat seit 1940 mehrere Jahrzehnte gedauert. Das hintere Längsschiff wird verdeckt von dem Eingangsturm, einer steil aufragen-

Blick auf die Orgel

den Bergspitze mit ausfließender Lava ähnelnd, die in treppenförmigen Absätzen zu Säulen erstarrt ist. Man könnte sich auch den Ausbruch eines Geysirs vorstellen. Blickt man von einer Anhöhe auf die Stadt, so ragt die Hallgrimskirche wie eine moderne Rakete auf einer Abschußrampe inmitten der niedrigen Häuser hervor. Vor dem hohen Gebäude der Kirche steht ein Denkmal für Leif Eirikson, dem eigentlichen Entdecker Amerikas. Es zeigt ihn im Gewand des Wikingerkriegers, hoch aufgerichtet auf einem kolossalen Sockel. Nach der Besiedlung durch die Wikinger begannen nämlich jene Menschen, die Abenteuer suchten, wieder auf neue Entdeckungsreisen zu gehen. So berichtet man von Eirik, Leifs Sohn, daß er mit seinem Schiff als erster Europäer das nördliche Labrador betrat, weiter südlich dann wärmere Gefilde entdeckte, denen er den Namen „Vinland" gab. Die Statue wurde Island zur Tausendeinhundert-Jahr-Feier der Besiedlung 1974 von den USA geschenkt.

Die Kunstgalerie „Kjarval" beeindruckt uns mit eigenwilligen Landschaftsmalereien. Die Ausstellung zeigt interessante Arbeiten isländischer Maler, vor allem aber auch viele Gemälde von Kjarval. Islands bedeutendster Künstler, Johannes Kjarval, wurde 1885 geboren und arbeitete auf einem Fischtrawler, bis seine Arbeitskollegen durch die Eröffnung einer Lotterie genügend Geld für sein Studium in Kopenhagen zusammenhatten. Eine beachtliche Tat, die von einem ausgeprägten Nationalbewußtsein zeugt.

Im Nationalmuseum für isländischen Geschichte können wir uns umfassend über das harte, entbehrungsreiche Leben der Bewohner in früheren Zeiten informieren. Es ist ein schönes Haus auf einer kleinen Anhöhe am Rande des Stadtsees. Die vielen Zeugnisse aus dem Alltag sind liebevoll nach Epochen zusammengestellt und erzählen dem Besucher von den Bräuchen und Lebensgewohnheiten der Menschen.

Aus der jüngeren Geschichte Islands ist nachzutragen, daß am 17. Juni 1944 die Republik mit einer neuen Verfassung ausgerufen wurde.

Nach dem Krieg wurde vor allem die Fischfangflotte modernisiert. Die Isländer verfügen über einen hohen Lebensstandard. In den letzten fünfzig Jahren verwandelte sich ihr Leben mehr als in tausend Jahren Siedlungsgeschichte vorher. 1980 wurde in Reykjavik die erste Universität gegründet. Das Gesundheitswesen ist gut ausgebaut. Die Insel ist das Land mit der niedrigsten Kindersterblichkeitsrate der Welt. Die Lebenserwartung der Männer liegt mit fünfundsiebzigeinhalb Jahren an zweiter Stelle der Weltrangliste. Die Ursachen liegen sicher in der reinen Luft Islands, der gesunden Ernährung mit Fisch und unbelasteter Nahrung. Von den vier wichtigen Ämter werden drei von Frauen besetzt, das der höchsten Richterin, der Präsidentin des Parlaments und der Präsidentin des Landes. Nur die Funktion des Premierminister nicht. Auch die Frauenpartei, eine rein weibliche Partei, ist im Parlament mit fünf Sitzen durchaus eine ernstzunehmende Kraft. Die Stärke der isländischen Frauen erklärt sich auch aus der Geschichte des Landes. Sie waren in der Regel Seemannsfrauen und mußten ohne Hilfe das Leben meistern, wenn die Männer monatelang auf See waren. Sie dürfen ihren Mädchennamen beibehalten, was auch ein äußeres

Zeichen ihrer Selbständigkeit ist, andererseits aber wiederum eine Ableitung des väterlichen Vornamens darstellt. Deshalb enden alle Familiennamen von Frauen auf -dottir (Tochter). Der Familienname des Mannes wird ebenso, aber auf -son (Sohn) abgeleitet. Ehepaare kann man also keinesfalls an einem gemeinsamen Namen erkennen.

Reykjavik, Donnerstag, am 13. Juli

Heute machen wir einen Tagesausflug nach Süden zu den Vogelklippen am Kirkjalsbjärg. Die Schotter-piste führt uns kilometerweit durch die bereits bekannte Mondlandschaft mit und ohne Flechtenbewuchs, ein trautes Grau in Grau.
Wir sehen ihn schon von weitem, Europas mächtigsten Dampfstrahl, der uns an alte Zeiten der Dampflokomotiven erinnert, fast furchteinflößend zischend, aber durch eine Betoneinfassung gebändigt.
Wir gehen unwillkürlich schneller auf dem hölzernen Steg durch die Küche brodelnder und dampfender

Dampfstrahl auf Reykjanes

bräunlichgrauer Schlammlöcher. Ein stechend beißender Geruch steigt in die Nase. Unser Blick ist dabei auf einen Hang mit reizvoller Farbgebung gerichtet: Saftig grünes Gras rahmt ein Farbspektrum von hellblauer, ockergelber, rostroter Erde. Spätestens hier wird uns klar, daß Island eine Insel der Farben ist. Der Blick von einer Berghöhe macht uns deutlich, welche Urgewalten in dieser Erde ruhen. Nur weniges genügt schon, um uns in Begeisterung zu versetzen. Wir fahren weiter, halten jedoch bald wieder an. Auf der linken Straßenseite eine neue Faszination: Ein Riesenschlammloch in der Größe eines mecklenburgischen Söll erinnert an einen Höllenkessel.

Gegen Mittag erreichen wir unser eigentliches Ziel, die Vogelklippen. Natürlich müssen wir die Autos

ein Paradies für Seevögel

irgendwann verlassen und zu Fuß weitergehen. Schon von weitem hören wir das Kreischen unzähliger Meeresvögel. Es sind Tausende von Lummen und Dreizehenmöwen, die auf den Simsen und Mulden auf winzigstem Raum Platz für ihre Brutnester finden. Obwohl die Seevogeleier nur auf schmalen Vorsprüngen liegen, schützt sie ihre birnenähnliche Form vor dem Herunterfallen. Die Jungen sind bereits geschlüpft und hocken dicht gedrängt an der massiven Felswand. Vor jedem Nestling steht schützend ein Elternteil, während das andere über die Wasseroberfläche dahinjagt, um zu fischen.

Die Meeresklippen hier an der Südküste ziehen sich viele Kilometer entlang. Der einzige gute Feldstecher unserer Freunde wandert von einem zum anderen. Aus der Nähe betrachtet, ist das Schauspiel noch fesselnder. Draußen am rechten Rand der Felsenbucht entdecken wir auf einer Sandbank Seerobben. Auch unsere ersten Papageientaucher beobachten wir hier. Um sie aufs Bild zu bannen, beugen sich die Männer waghalsig dicht über den Klippenrand vor. Die weitere Fahrt wird noch mühseliger. Vor Grindjavik müssen die Autos die steilste Steigung der gesamten Tour bewältigen, allerdings entschädigt uns bergab der Blick auf die türkisfarbene Meeresbucht.

Endlich haben wir wieder asphaltierte Straße unter den Rädern und fahren in Richtung Reykjavik. Inmitten der Vulkanwüste taucht dann doch überraschend das Thermalkraftwerk mit dickrohrigem Leitungssystem und Silbertürmen auf, aus denen fauchend Dampfwolken in den Himmel steigen. Aus zwei Kilometer Tiefe wird Wasser, das zur Strom- und Energiegewinnung dient, mit einer Temperatur von 240°C gepumpt.

Der mehrere Hektar große See, die bekannte Blaue Lagune, ist also bloß ein Nebenprodukt der Energiegewinnung, allerdings ein sehr angenehmes mit angeblicher Heilkraft. Geschockt sind wir vom Eintrittspreis, aber das ist sicher der Berühmtheit der Lagune und der Nähe des Flughafens geschuldet. Im Duschraum seifen sich neben mir junge, hübsche Grönländerinnen ab, deren fröhliche Ungezwungenheit ansteckt und den Eindruck vom doch recht reno-

Thermalkraftwerk mit Blauer Lagune

vierungsbedürftigen Sanitärtrakt verdrängt. Das Baden ist nur in einem abgegrenzten Teil des Sees erlaubt, die vierzig Grad sind uns auch völlig ausreichend. Ob das Sitzen und Gehen in dem salz- und mineralhaltigen Wasser eine heilkräftigende Wirkung ausübt, läßt sich von unserer Badestunde nicht beurteilen. Wir können nun aber mitreden, wenn einer meint, er kenne Island, nur weil er beim Zwischenstopp nach New York in der Blauen Lagune gebadet habe.

Auf der Rückfahrt suchen wir die Bekannte eines Freundes auf, der uns um die Übermittlung eines Grußes aus Deutschland bat. Sie empfängt uns sehr freundlich, ist aber durchaus nicht überrascht. Offensichtlich liegt Reykjavik doch nicht so abgeschnitten vom europäischen Festland.

Wir sitzen in einem großen, lichtüberfluteten Wohnzimmer mit Parkettfußboden. Die breite Fensterfront gibt den Blick auf den üppiggrünen Garten frei. Große Blumenpflanzen und viele Bilder an den Wänden verstärken den Eindruck einer heiteren Atmosphäre. Frau Friedrichsdottir ist schon vor über vierzig Jahren aus Deutschland ausgewandert und hat mit ihrem isländischen Mann sechs Kinder und zehn Enkelkinder. Sie erzählt, daß sie sich auf Island sehr wohlfühle. Die Kinder hätten sich alle eine Existenz aufgebaut, und sie seien eine harmonische Familie. Ihren Mann könnten wir leider nicht kennenlernen, er sei für ein paar Tage zur Tochter gefahren. Auf dem Bauernhof muß das Heu geerntet werden, und er will den Kindern dabei helfen. Sie selbst arbeitet im Krankenhaus und geht heute abend um neun zur Nachtschicht, mit über sechzig Jahren.

Reykjavik, Freitag, am 14. Juli

Unser Auspuff röhrt verdächtig, er kann sich mit den harten Schotterpisten doch nicht unbeschadet anfreunden. Sicherheitshalber sucht mein Mann eine Werkstatt auf. Der Schlosser dort bedauert, nicht selbst helfen zu können, da sein Wagen schon abfahrtsbereit für den Urlaub auf der Straße stehe.

Er bringt meinen Mann wie selbstverständlich zu einem Kollegen in die Werkstatt nebenan und erklärt diesem das Problem. Dort wird unkompliziert geholfen und fachmännisch geschweißt, kostenlos.

Ich sehe unterdessen zu, wie Männer quadratische Rasenstücke vom Hänger abladen, nebeneinander auf den Boden legen und diese nach kurzer Zeit ein zusammenhängendes Rasenstück bilden. Der kurzen Vegetationsperiode wird durch den Menschen etwas nachgeholfen.

Nicht so gut kann ich eine andere Beobachtung einordnen: Zwei junge Männer, auf dem Rücken Tankbehälter geschnallt, in der Hand ein langes Rohr führend, besprühen den spärlichen Pflanzenwuchs entlang des Zaunes mit einer stinkenden Flüssigkeit. Als ich frage, stellt sich heraus, daß ihre Kanister

Unkrautbekämpfungsmittel enthalten.

Gegen Mittag fahren wir zur „Perle", einer gastronomischen Einrichtung vor den Toren der Stadt. Sie besteht aus mehreren Heißwassergroßtanks, die geschickt touristisch kaschiert sind. Von der oberen Plattform blicken wir auf die Stadt im Sonnenlicht, die sich vertrauensvoll an die ruhige Bucht schmiegt. Ein Netz gradliniger Straßen durchkerbt das rote Dächermeer.

Um den Kunstgenuß in der Hauptstadt abzurunden, besuchen wir die Asmundur-Sveinsson-Skulpturengalerie. Der Bildhauer lebte von 1893-1982. Seine modernen Skulpturen im Großformat stehen im Garten des an den Orient erinnernden Atelierhauses. Im Innenraum fällt das Licht durch das gläserne Kuppeldach auf die dunklen Bronzefiguren. Die kleinen Plastiken sind bequem in Augenhöhe zu betrachten. Die Halle vermittelt ein Gefühl der Weite, und der Blick konzentriert sich auf den Kunstgegenstand. Ungewöhnlich ist für uns das Aufsteigen über eine Wendeltreppe in das Innere einer Pyramide. Sonnenstrahlen lagern auf dem Fußboden, hereingelassen durch die über ihm beginnenden Seitenfenster.

Sveinsson nahm die Themen seiner Kunst aus der Geschichte und dem Alltagsleben der Isländer: Hart arbeitende Waschfrauen, Phantasiegestalten der

Reykjavik

Elfen- und Trollerzählungen, die innige Mutter-Kind-Beziehung, der Kampf als grausames Attribut der Barbarei. Zu jeder Figur finden wir Zugang, zu einigen müssen wir mehrmals zurückkehren.

Unser Sohn kommt in diesen Tagen auch zu seinem Badevergnügen. Am liebsten sitzt er auf einem schwimmenden Brett und fährt damit als Kapitän.

Beim letzten Besuch des Schwimmbades können wir wegen eines technischen Fehlers an der Kasse nicht mit der EC-Karte bezahlen, haben aber kein Bargeld eingesteckt. Die junge Frau lächelt verständnisvoll, und wir dürfen durchgehen.

Asmundur-Sveinsson-Galerie

Grundarfjördur, Samstag, am 15. Juli

Wir brechen auf zum Snaefellsnes, einer Halbinsel mit dem Snaefellsjökull, der mit dem Namen Jules Verne verbunden ist. Am Nachmittag erreichen wir die Halbinsel und fahren auf flacher Asphaltstraße dem im Sonnenlicht glänzenden Gletscherberg entgegen. Die Weitsicht ist so phantastisch, daß der Gletscher zum Greifen nah erscheint. Nach einer einsamen Paßüberquerung nordwärts schlagen wir unsere Zelte in Grundarfjödur auf der Wiese eines Bauernhofes auf.

Am Eingang zum Gehöft liegen lange Muschelhalden, ein natürlicher Kalkvorrat. Verfallene, nicht mehr genutzte Stallanlagen und zwanzig Islandpferde vor rotgold flammenden Berghängen. Obwohl ein starker Wind weht, trinken wir auf dem geschützten Eßplatz noch einen Grog und kommen mit zwei anderen Paaren ins Gespräch.

Sie schwärmen von ihrem heutigen Tagesritt auf einem Pferderücken. Islandpferde lassen sich gut reiten, sind sehr genügsam und ein hartes Dasein gewohnt. Das Leben ohne sie wäre über die Jahrhunderte für die Isländer nicht denkbar gewesen. Die vier Touristen fahren gemeinsam in einem Wohnmobil,

35

das erfordert von jedem Toleranz. Einer von ihnen ist Isländer. Seine hochgewachsene Figur, die klaren Augen in seinem kantigen Gesicht machen ihn auf

Islandpferde

den ersten Blick sympathisch. Während des Studiums in Deutschland hat er seine deutsche Frau kennengelernt und zeigt ihr jetzt seine isländische Heimat.

Grundarfjördur, Sonntag, am 16. Juli

Die Halbinsel soll alle Attraktionen Islands auf kleinem Raum beinhalten. Das wollen wir heute erkunden mit einer Tagesfahrt um den Gletscher. Auf der Westseite stemmen wir uns beim Ersteigen eines erloschenen Vulkankegels gegen Orkanböen und eiskalten Wind. Beim Abstieg treffen wir auf Jugendliche aus den Niederlanden. Sie dauern uns mit ihren blaugefrorenen Knien in den kurzen Hosen. Wir sind jedoch auch froh, uns im Auto aufwärmen zu können. Aber nach kurzer Zeit springen wir schon wieder über Lavafelder von Erhebung zu Erhebung, sorgsam bedacht, nicht abzurutschen in die Spalten. Der heftige Sturm spielt auf der gegnerischen Seite, trotzdem kämpfen wir uns erfolgreich vorwärts zu unserem Ziel, dem Brunnen der irischen Mönche. Und dann stehen wir davor. Ein schmaler Gang führt ein paar Stufen abwärts, ein mächtiger Walwirbelknochen hält die Schollen an den Seiten zurück.
Den eigentlichen Brunnen ahnen wir nur. Mußten

sich die Mönche tief hinunterschaufeln auf der Suche nach Wasser? In der Erde zu arbeiten war von jeher für den Menschen reizvoll. Welche Geheimnisse birgt die Erde im Inneren? Was hält sie dort fest? Ich erinnere mich an meine Kindheit. Uns interessierte sehr, wie es unter der Laubschicht des Buchenwaldes aussah. Ich könnte noch heute eine Skizze unserer Erdhöhle anfertigen. In mühseliger Arbeit wurde ein gewundener Gang gegraben, der sich zu einem eckigen Raum öffnete. Die Decke war mit dicken Ästen, aufgeschütteter Erde und einer Blätterschicht gut getarnt. Von ihr rieselte ab und zu gelber Sand in den Nacken beim Durchkriechen des Tunnels. Um es uns gemütlich zu machen, nahmen wir Teppichreste, vor allem Kerzen waren wichtig. Die Luke wurde immer sorgfältig geschlossen.

Ob wir beim Graben glaubten, auf einen Schatz zu stoßen, vermag ich nicht mehr zu sagen. Die irischen Mönche hatten es gewiß gehofft. Ihr Brunnen stürzte durch Naturgewalten und die Zeit ein - unsere Höhle zerstörte ein sowjetischer Militärtrupp, der in ihr ein Versteck für einen aus der nahen Garnison entflohenen Soldaten vermutete. Daß die russischen Soldaten den äußerst harten Bedingungen des Militärdienstes entfliehen wollten, kam in den fünfziger Jahren häufiger vor. Noch mehrere Tage standen die Posten ohne Ergebnis an der Wegkreuzung, und wir verziehen ihnen nach einem unkompliziert geschlossenen Freundschaftsbund ihre Gewalt gegenüber unserem Erdunterschlupf, der leider für echte Aufklärer doch zu entdecken gewesen war. Eines Morgens waren sie abgezogen. Über das Schicksal des Soldaten wurde im Dorf nie etwas bekannt.

Gegen Mittag kommen wir in den Süden, in der Trollfelsenbucht ist es endlich warm. Der Pfad durchs Tal führt durch skurril gebildete Felsblöcke zum Strand, der übersät ist mit schwarzen, runden Steinen. Sie liegen angenehm warm in der Hand. Die Trollfelsen sind eigenartig geformte Felsformationen erstarrter Lava. Der Volksmund erzählt, daß es versteinerte Trolle seien, die nicht vor Sonnenaufgang in ihren Berg zurückgefunden hätten. Die etwas märchenhafte Landschaft macht uns frohgestimmt.

Beim Mittagessen an dem Rasttisch unterhalten wir uns mit einer Engländerin. Sie ist seit zwölf Jahren mit einem Isländer verheiratet und erzählt begeistert, daß wir die zweiten Ostdeutschen seien, denen sie begegne. Wir erfahren, daß ihr Schwiegervater heute Geburtstag und sich diesen Ausflug gewünscht habe.

Ohne Umschweife deckt sie für die kleine Gesellschaft den Holztisch mit einem Berg Sandwiches und Kaffee aus der Thermosflasche. Wir erleben den Familiensinn und die Lebensfreude der Inselbewohner. Zum Schluß fotografiert uns die charmante Dame für ihr Album.

Die Gletscherkappe des Snaefellsjökull ist leider den ganzen Tag über in Wolken gehüllt. Wir setzen unsere Fahrt im Süden fort nach Arnastapi zu den Vogelklippen und wandern oberhalb des Kliffs entlang. In den Innenmauern der Felstore und -bögen sitzen zu Hunderten die Möwen mit vom Sturm gepeitschtem Gefieder, ihr Junges schützend. Unter ihnen stoßen mit Wucht die Wellen an die Klippen. Durch die Bögen eröffnet sich uns der Blick aufs Meer und seine eigenwillige Küstenform.

Wir umgehen einen Felsbrocken und entdecken plötzlich unten eine stille Hafenbucht mit einer hohen Felsmole, zahlreichen farbigen Fischerbooten Schutz bietend. Der Wind frischt immer stärker auf. Er bläst in die Jacken, zerrt an den Hosen, plustert uns auf. Es wird wieder Zeit, ins Auto zu steigen.

der Hafen von Arnastapi

Unterwegs sehen wir einen Fahrer, der seinen Caravan stützt und sich nicht traut, bei dem Sturm weiterzufahren. Wir machen einen Umweg zum Grünen Quellbad, das besonders gut wegen seines Kohlensäuregehaltes sein soll. Der Wind peitscht aber dermaßen durch die Latten in das Schwimmbecken, daß wir alle nur im heißen Topf sitzen. Als wir zurückfahren, beobachte ich zum erstenmal eine Windhose. Der Krieselwind dreht sich mit den hochgerissenen Wassermassen in schneller Spirale draußen auf dem Wasser.

Beim Bezahlen der Zeltplatzgebühren fragt mich der Bauer, ob wir nicht noch einen Tag verlängern wollen, um eine Safari zu unternehmen. Lächelnde Augen in einem wettergegerbten Gesicht. Die Tiere seien ganz friedlich, eben Islandpferde. Ich blicke zu ihnen hinüber. Runde Pferdeleiber, nicht grazil, aber auch nicht plump. Sie grasen vor dem Hintergrund der rötlichen Gebirgswände, ein Bild für eine Filmkulisse. Die tief einfallenden Abendstrahlen lassen ihr braunes Fell besonders warm schimmern.

Auf dem Rücken eines Pferdes sitzen? Aus dem Dunklen steigt eine Erinnerung auf. Ich sehe mich als Zehnjährige auf dem breiten, ungesattelten Apfelschimmel, die Hände in die dickhaarige Mähne gekrallt, den Oberkörper eng an den Hals gebeugt, inmitten einer dahingaloppierenden Herde auf dem sandigen Hohlweg zur LPG-Koppel. Allen voran mein Bruder, unter sich die schlanke Fuchsstute, die er schon als Zwölfjähriger beherrrschte. Deutlich glaube ich wieder den strengen Geruch des Pferdeschweißes zu spüren, höre das Schnauben und Trampeln, die Augen nur zum Spalt geöffnet, immer bemüht, durch die sommerliche Staubwolke den wild peitschenden Pferdeschweif vor mir nicht aus dem Blick zu verlieren. Bin eins mit dem dampfenden Pferdeleib, überlasse mich dem Herdentrieb der Kreatur. Ich reite auf einer Welle von Glück. Kindertage.

Lächelnd suche ich den Blick meines Mannes. Er zieht leicht die Augenbrauen hoch, und mit Bedauern verneine ich die Frage des Bauern. Die Jahre lassen sich nicht zurückdrehen. Vielleicht kommen wir beim nächsten Mal mit mehr Zeit hier vorbei?

Akureyri, Montag, am 17. Juli

Zwar wollen wir heute bis Akureyri, machen aber kurz Halt in Stykkisholmur. Mein Mann möchte noch den Arzt im Krankenhaus konsultieren. Wie es Brauch ist, zieht er am Eingang seine Schuhe aus, stellt sie zu den anderen in die Reihe und steigt auf Socken die Steintreppe hinauf. Wir gehen inzwischen zu einer modernen Kirche. Obwohl sie erst zwei Stunden später öffnet, läßt ein junger Pfarrer uns freundlich herein und erklärt uns sein großzügig gebautes Gotteshaus. Es wurde von einem Mediziner der Stadt entworfen, der neben seiner ärztlichen Tätigkeit gleichzeitig ein ausgezeichneter Architekt war.

Die Atmosphäre wird von Marmorfliesen aus Portugal

und edlen Hölzern für Gestühl und Kanzel bestimmt. Schlicht und warm. Haben Sie schon einmal ein breites Kirchengewölbe gesehen, von dem Hunderte von brennenden Glühbirnen herabhängen wie ein mit Sternen bestückter Himmel? Der junge Geistliche führt uns mit einem geheimnisvollen Gesicht an das Taufbecken. Auf einem dreibeinigen Chromgestell ruht eine dicke Glasschale, in der sich die unzähligen Deckenlichter widerspiegeln. Der Pfarrer lächelt und läßt uns mit der Hand in die Schale eintauchen. Wir erwarten Wasser, aber unsere Hand bleibt trocken. Mit sichtlichem Stolz zeigt er uns den Flügel. Unser Sohn stimmt zu, ein Lied zu spielen, aber dann hat er wohl doch zuviel Ehrfurcht vor dem fremden Raum, und wir müssen den Rückzug antreten. Wir könnten doch morgen abend zum Konzert kommen, meint der junge Pfarrer. Wir bedanken uns und verlassen das schöne Haus und den Ort.

Der Himmel hat erneut seine Regendecken ausgerollt. Zu beiden Seiten unserer Fahrstrecke dehnt sich eine öde Landschaft, Kilometer um Kilometer. Nur langsam kommen wir voran. Zwar stoppen wir an der stärksten Salzlagune, wagen bei der Kälte aber keinen Spaziergang gegen den fauchenden Sturm, um eventuell Seerobben zu entdecken. Nur in die alte Bischofskirche mit dem Felsengemäuer huschen wir schnell noch hinein. Die Stimmung ist nicht die beste, warum begleitet uns nicht die Sonne von Reykjavik? Das angesteuerte Ziel ist heute nicht mehr zu erreichen. So übernachten wir in Blönduos, hinter einem windgeschützten Hang. Es ist immer noch stürmisch und kühl.

Akureyri, Dienstag, am 18. Juli

Am frühen Nachmittag erreichen wir Akureyri. Wieder liegt das Schwimmbad gleich neben dem Campingplatz. Wir buchen für zwei Tage. Unser Sohn steht lange neben dem Zelt und beobachtet respektvoll durch den Drahtzaun, wie die anderen Kinder mit großem Spaß auf einen Turm klettern, in eine dicke Aluröhre verschwinden und nach einer Weile mit einem Wasserschwall schwungvoll aus der unteren Öffnung ins Becken klatschen. Am zweiten Tag ist der Bann gebrochen, und er traut sich, auf Vaters Schoß sitzend, auch das dunkle Rohr hinunter. Ich werde von älteren Frauen zur Wassergymnastik eingeladen. Sie öffnen einfach ihren Kreis, als ich in ihrer Nähe schwimme und reichen mir die Hände. Ihr Lächeln gebe ich freundlich zurück, singe mit ihnen einfache Melodien, zu deren Takt wir die Übungen ausführen. Alle strahlen und freuen sich ihrer Geselligkeit.

Dann lasse ich mich vom armdicken Wasserstrahl massieren, schwitze im Dampfbad und genieße die heißen Töpfe. Wir sitzen friedlich nebeneinander. Der Besuch der Geothermalbecken dient in Island vor allem auch der Kommunikation.

Am Abend erleben wir ein Konzert mit isländischer Volksmusik in einer geräumigen Holzkirche am Stadtrand. Ein Mann und eine Frau singen Lieder zur Gitarre. Wir hören traurige und heitere Weisen der isländischen Folklore aus vergangenen Zeiten bis zur Gegenwart.

...aber das Leben blüht weiter

Die Künstler erklären den Inhalt der Texte in isländischer und natürlich auch in englischer Sprache. Das Publikum vor uns auf der Empore sind ebenfalls deutsche Touristen, eine Reisegesellschaft, die das Kulturangebot organisiert bekommt. Aber für uns liegt der Reiz gerade darin, am jeweils neuen Ort herauszubekommen, welche Veranstaltung lohnenswert und interessant sein könnte. Dabei hilft das Studieren der verschiedensten Anschläge, die meistens über dem Abwaschbecken der Campingplatzküche angebracht sind. Außerdem erfährt man auf diese Weise

auch gleich den Preis. Das ist in manchen Fällen
schon eine Entscheidungshilfe.

Uns macht es Spaß, die Stadt zu durchstreifen. Im
Hafen am Fjordarm liegen große Schiffe, am anderen
Ufer zieht sich eine Bergkette hin. Es gibt eine Ober-
und eine Unterstadt. Auf halber Höhe ragt eine Kirche
im neugotischen Stil empor. Wir sind immer noch auf
der Suche nach einem Originalbild mit einem Motiv,
das uns zu Hause an Island und seine Farben erinnern soll. Dazu durchstöbern wir die verschiedensten
Galerien der Stadt und sehen moderne Werke von
jungen Künstlern. Am Nachmittag fahren wir aus der
Stadt heraus zu einem Kunstcafe, doch können wir
uns abermals nicht für ein Werk entscheiden.

Auf diesem Ausflug durchqueren wir zu Fuß ein still-
gelegtes Fabrikgelände, um zu den dahinter aufge-
richteten Gestellen mit im Wind trocknenden Fischen
zu gelangen. Die ausgestorbenen Hallen wirken
gespenstisch und erinnern uns sehr an unsere zahlreichen toten Industrieanlagen daheim im Osten
Deutschlands. An die Brücken müssen in besseren
Zeiten Fischkutter mit reichem Fang angelegt haben.
Jetzt ähneln sie einem morschen Skelett, vor dessen
Betreten durch ein großes Schild gewarnt wird.
Erschreckend für uns die erneute Erkenntnis, wie

Dörrfische im Wind

schnell der Verfall einsetzt, wenn die ordnende Hand
des Menschen nicht mehr tätig sein darf. Die gedörr-
ten Fischleiber hängen in langen Reihen an hohen

Gestellen. Ein penetranter Geruch steigt uns in die Nase, und ich bin froh, als das Motiv mit den kopflosen Klapperfischen endlich bei richtigem Licht auf den Film gebannt ist.

Vogar/Myvatn, Donnerstag, am 20. Juli

Gegen zehn Uhr sind die Zelte abgebrochen, alles ist wieder im Auto verstaut. Wir starten zu einem Ziel, mit dem wir viele Erwartungen verbinden. Jeder Islandfahrer schwärmt vom Myvatn, das sei das wahre Island!
So ist unsere innere Spannung verständlich, aber je weiter wir uns von Akureyri entfernen, desto grauer wird der Himmel. Dunkle Wolkenbänder begleiten uns. Sogar das Erlebnis des Gullfoss, eines wundervoll breit tosenden Wasserfalls, wird durch schneidenden Wind und Kälte verkürzt. Wir treffen hier auf Horst, der seine Videokamera aufs Wasser hält, um irgendwann im Oktober den Zuschauern von VOX seine Islandeindrücke zu vermitteln. „Mistkälte, man brauchte Handschuhe", flucht er lautstark, als wir ihn mit Hallo begrüßen. Wir haben das bunte Fahrzeug sofort als das seinige identifiziert, denn da er von allen seinen Reiseorten einen Aufkleber angebracht hat, ist die eigentliche Farbe seines Autos nicht mehr zu erkennen.
Wir fahren unserem Ziel entgegen, aber die Stimmung sinkt. Kälte. Wind. Tiefhängende Wolken. Eine öde, karge Landschaft. Da plötzlich erscheint durch den grauen Schleier der See, noch nichts Aufregendes, nur eine kleine Bucht. Und dann verändert sich schlagartig das Bild. Grüne Berginseln erheben sich aus dem Wasser. Wir fühlen, daß uns hier etwas Besonderes erwartet.

Vogar/Myvatn, Freitag, am 21. Juli

Obwohl es in der Nacht geschneit hat, haben wir gut geschlafen. Neben uns hat sich ein Lübecker mit seinem Wohnmobil aufgestellt. Er ist ganz aufgeregt, daß es ihm an diesem Morgen vergönnt ist, den kantigen Tafelberg Herdubreid in Weiß gehüllt zu sehen. Obwohl er schon mehrere Jahre diesen Zeltplatz auf seinen Islandfahrten anläuft, erlebe er das zum erstenmal. Wir freuen uns nun auch, ohne die Begeisterung unseres Zeltnachbarn hätten wir das Ereignis gar nicht so würdigen können.

Ein leicht einsetzender Regen hört bald wieder auf, dennoch bleibt es windig bis stürmisch. Die Kraft des Sturmes merken wir erst, als wir bei unserer Tagestour auf der anderen Seite der Berge aus dem Auto steigen. Vor uns liegen die heißen Quellen des Njanafjells, eine dampfende Fläche riesigen Ausmaßes. Warnschilder weisen darauf hin, daß der heiße Boden hier nicht querfeldein begehbar ist. Wir bleiben diszipliniert auf den durch Pflöcke markierten Wegen. Vorsichtig bewegen wir uns zwischen den dampfenden Solfataren mit ihren schroffen Wänden. In mehreren Einschnitten brodeln Schlammtöpfe, werden abgelöst von kleinen Höhlen mit verschiedenfarbigen Ausblühungen. Heiße Quellen und qualmende Höhlen machen diese Landschaft spektakulär. Dazu liegt ein stechender Geruch über der Erde, der in die Nase und Augen beißt.

Solfatare des Njanafjells

Der bräunlich zersetzte Boden zieht sich bis zum Hang des Berges und kerbt sich stellenweise in ihn hinein. Wir steigen bergauf und kämpfen gegen den schneidenden Sturm, dessen Macht zunimmt, je höher wir klettern. Oben entdeckt unser Junge eine beachtliche Höhle, deren Wände dicht bedeckt sind mit giftiggelben, kräftigleuchtenden Schwefelkristallen. Am liebsten hätte er sich davon welche eingetütet. Bei der Gratwanderung müssen wir uns gegenseitig anfassen, es weht uns fast hinab.

Am späten Nachmittag entschädigt uns eine stille Wanderung durch einen der wenigen isländischen Wälder. Wir spazieren durch den Naturpark Höfdi, vom Wind geschützt, und entdecken Enzian und Islandmoos unscheinbar zwischen grauen Flechtenkissen. Isländisches Moos ergibt einen bitteren Tee, sicher ist es ein mühseliges Suchen.

Das Naturparadies erstreckt sich entlang des Myvatn. An einer Stelle eröffnet sich der Blick auf haushohe Vulkanfelsen, die bei Eruptionen emporgedrückt wurden. Schade, daß wir keine Entdeckungsreise mit unseren heimischen Faltbooten machen können. Es wäre etwas Wunderbares, auf dem glatten Wasser fast geräuschlos dahinzugleiten. In den Jahren vor der Möglichkeit „go west" stand unser Zelt jeden Sommer an den Ufern eines Gewässers im Mecklenburgischen. Abends legte sich meistens der Wind, dann war es auf dem Wasser am schönsten. Wenn man die Paddel ruhig durchzog, kam man dicht an die Wasservögel heran. Auf dem Myvatn gibt es davon unzählige, am verbreitetsten sind die unterschiedlichsten Entenarten. Ein älterer Herr vom Zeltplatz ist extra nach Island gekommen, um hier am Myvatn die Wasservögel zu studieren. Seine Beobachtungsstelle verrät er mir allerdings nicht.

Nachdem wir uns in einem Rasthaus aufgewärmt und mit der Heimat telefoniert haben, wandern wir um die weitläufigen Scheinkrater von Skutustadagigar, die an den Myvatn grenzen. Der schmale Wiesenweg führt um die Kegel herum, Hänge, bewachsen mit Gräsern und Kräutern. Immer noch regnet es, wir fühlen uns gut aufgehoben in unseren wasserdichten Jacken.

Vogar/Myvatn, Samstag, am 22. Juli

Morgens wölbt sich das Firmament über uns in Tiefblau. Sofort steigt unser Stimmungsbarometer, denn Sonne bedeutet auf Island einen schnellen Temperaturanstieg, heute auf 24°C. Wir stellen unsere Autos auf einem Parkplatz vor zwei Grotten ab und laufen durch eine Heidelandschaft mit Wacholderbüschen auf einen erloschenen Vulkankegel zu. Ab und an wird der Blick verstellt durch grotesk geformte Felsen aus erstarrtem Lavagestein in einer beachtlichen Höhe.

Auf dem Boden entdecken wir zwischen kriechendem Wachholder und Krüppelbirken kleine Flecken von Enzian. Der Aufstieg erfordert Kondition. Vom Vulkanrand aus können wir den schneebedeckten Askja sehen, der von den Hochlandfahrern angesteuert wird. Vor uns breitet sich die Fläche des Myvatn aus mit dem zahlreichen Inselgrün, ein eigenartiges Bild von einem See. Hier oben sind wir heute nicht die einzigen Wanderer. Auf der gegenüberliegenden Vulkanseite wirken die Leute gegen den blauen Himmel zwergenhaft. Zwischen uns liegt der steile Abgrund des Kraters, auf dessen Abhängen mit weißen Steinen Wörter wie „peace" oder „hallo" ausgelegt wurden, für alle künftigen Besucher lesbar. Wir werfen unsere Jacken wieder über, trotz der Sonne bläst der Wind in dieser Höhe scharf.

Auf dem Vulkanrand habe ich das Gefühl, der Erde entrückt zu sein. Wir nehmen uns Zeit, atmen tief, lassen die Farben der Berge auf uns wirken. Durch die Mineralienanteile im Boden schimmert ihre Oberfläche in grünlichgelben oder roströtlichen Streifenmustern.

Clemens fängt den Wind

Wieder am Parkplatz angekommen, stellen wir mit leichtem Bedauern fest, daß sich hier scheinbar alle Reisebusse treffen. Einer nach dem anderen rollt heran. Die Touristen ergehen sich kurz in der Natur, werfen einen Blick in die Grottenseen und steigen nach einer Viertelstunde wieder ein.

Das schöne Wetter lockt zum Faulenzen, und so fahren wir ein Stück um den See, um ebenfalls die Wasservögel zu beobachten. Wir treffen auf unsere Freunde, die an der stillen Uferzone des Myvatn eine Gruppe kleiner Odinshühner entdeckt haben. Wie flauschige Bälle flitzen die Vögel auf dem See hin und

„es ist, als hätt' der Himmel die Erde still geküßt...“

her. Das Wasser spiegelt das Weiß und Blau des Himmels, ein inniger Kuß der Elemente. Diese klare Abbildung schafft wohl nur Islands reine Umwelt.

Um an den Wasserarm zu kommen, laufen wir über ein Wiesenstück. Nur kurz können wir die Entenjungen sehen, dann wird uns von einem Isländer vom Fahrrad aus energisch Bescheid gesagt, daß wir uns auf seinem Privatgrundstück befänden. Sein Gehöft liegt auf einer Anhöhe, da kann er jeden Eindringling schon von weitem erkennen. Das kommt für uns überraschend, aber wir verlassen natürlich ohne Kommentar die stille Landschaft.

Bei unseren Versuchen, im Hotel die Adresse eines ortsansässigen Malers zu bekommen, haben wir Erfolg. Da der Mann noch nicht zu Hause ist, vereinbaren wir mit der Ehefrau unseren Besuch am Abend. Ragnar Jonsson empfängt uns mit einem freundlichen Lächeln in seinem Holzhaus am Rande der Siedlung. Seine hohe Gestalt füllt fast die Türhöhe aus. Die Schuhe sollten wir doch anbehalten. Wieder erleben wir die Atmosphäre eines sonnenhellen Wohnzimmers. Ein locker möblierter Raum, an den Wänden zahlreiche Bilder, buschige Wollteppiche auf dem Holzfußboden. Der Kontakt ist schnell geknüpft,

und nach einer Stunde führt uns der Künstler sicht-
lich stolz in sein Schlafzimmer in die oberen Etage, wo
tatsächlich ein echter Kjarval hängt. Das Bild nimmt
fast die ganze Wand ein. Eine Frühlingslandschaft in
hellgrünen Tönen, spielende Kinder und weiße
Blumen. Ein Juwel isländischen nationalen Kultur-
erbes.
Obwohl Jonsson seine Bilder in drei Ausstellungen
verteilt hat und uns aus diesem Grunde keines anbie-
ten kann, überzeugen wir ihn, ein Bild von der
Wohnzimmerwand zu nehmen und uns zu verkaufen.
Das Ölbild mit aufregenden Islandfarben ist uns sofort
aufgefallen. Ostdeutschland interessiert ihn sehr, er
hat viele Fragen. Zum Abschied schenkt er uns noch
eine CD mit seiner Musik, die Ende der achtziger
Jahre anläßlich des Treffens von Gorbatschow und
Reagan in Reykjavik gespielt worden ist. Unsere
Adresse lassen wir ihm da. Vielleicht führt ihn ja der
Weg einmal auf den Darß an die Ostsee?
An diesem Abend schlägt neben uns eine Gruppe junger Familien ihre Zelte auf. Wir erleben die berühmte
isländische Fröhlichkeit am Wochenende. Die
Bewohner müssen sich viele Monate im Jahr mit
Dunkelheit und trüben Tagen begnügen. Verständlich, daß sie die wenigen warmen Sommerwoch-
enden bis zur Neige auskosten. Über einem metalle-
nen Trog werden Fleischspieße gedreht. Der Geruch
von Gebratenem weht verführerisch zu uns herüber.
Alle in der geselligen Runde unterhalten sich laut und
angeregt. Später spielen die Mütter mit den Kindern,
es wird gesungen und gelacht. Nach Mitternacht laufen die Jüngsten immer noch draußen herum, hell
genug ist es ja. Die Betrunkenen kommen morgens
gegen vier Uhr endlich zur Ruhe, und damit finde ich
auch noch ein bißchen Schlaf.

Borgarfjördur, Sonntag, am 23. Juli

Wir müssen abbauen und fahren bei strahlender
Sonne zum Krafla. Den müsse man gesehen haben,
wenn man auf Island sei, erzählen uns, unabhängig
voneinander, ein Münchener und ein Hamburger
Ehepaar. Die Straße führt durch das Areal eines
Geothermalkraftwerkes. Das Vulkangebiet - vor zehn
Jahren war hier die letzte Eruption - mutet gespenstisch an. Es entweichen noch heiße Dämpfe, an einigen Stellen brodelt es schwefelgelb. Wir bestaunen
dunkelrote Höhlen (jetzt weiß ich, woher Jonsson

seine Farbe für das Bild genommen hat), graue aufgebrochene Schollen, schwarz aufragende Kraterwände. Der beißende Geruch der noch schwelenden Spalten läßt erahnen, wie die Luft gekocht haben muß. Es ist unserem Sohn zu unheimlich in dieser Vulkanlandschaft, und wir bemühen uns, bald wieder sicheren Boden zu erreichen.

Von der Höhe läßt sich der Lauf des einst heißen Lavastromes nachvollziehen. Breite, schwarze Lavazungen haben sich bis an Schneefelder und Moospolster vorgeschoben. Nun bedauern wir nicht mehr, nicht nach Heimaey auf die Westmännerinseln geflogen zu sein, denn dieses Vulkangebiet um den Krafla ist aufregend genug.

Lava des Krafla

Weiter geht die Fahrt in Richtung Ostfjorde. Wir einigen uns auf einen Abstecher zum Dettifoss, Europas wasserreichstem Wasserfall. Der Abzweig von der isländischen „Autobahn" Nr. 1 beträgt nur siebenundzwanzig Kilometer, aber es wird eine unendliche Fahrt. Zu beiden Straßenseiten erstreckt sich, so weit das Auge reicht, eine Steinwüste, die nicht den geringsten Pflanzenwuchs zuläßt. Entsprechend ist auch die Straße ausgerüstet, so daß sich jede Geschwindigkeitsbegrenzung überflüssig macht.

Der Geisterglaube ließ in der Vergangenheit die Furcht vor den trostlosen Wüstengebieten wachsen, so heißt es im Lied von Sprengisandur:

„Reiter reiten und jagen über den Sand,
die Sonne versinkt über dem Arnafall.
Hier gehen viele böse Geister um,
wenn die Schatten über das Gletschereis fallen.
Der Herr leite mein Pferd,
der übrige Weg wird lange dauern.
Stille, stille, ein Fuchs lief vorbei;
das trockene Maul will er mit Blut nässen,
oder jemand hat mit seiner hohlen Stimme
gerufen,
vielleicht jagen Geächtete im Odadahraun heim-
lich Schafe zusammen."

In weiter Ferne leuchten weiße Gebirgsketten. Aber
nach dieser Tortur entschädigt der Anblick des Dettifoss vollauf. Andachtsvoll stehen wir vor der Natur-
gewalt. Wassermassen über Wassermassen stürzen in
die Tiefe und beruhigen sich in einem gewaltigen
Canyon, in Jahrhunderten tief in das Gestein gegraben.
Nach Stunden erreichen wir erneut den Abzweig. Die
Straße ist nun wieder angenehmer zu befahren, wenn
man von dem Gepolter des Schotters unter dem
Wagenboden absieht. Mit der Abendsonne erreichen
wir endlich die Berge, ein vertrautes Gefühl stellt sich

Canyon des Dettifoss

ein. Ziel ist Borgarfjördur, ein kleiner Fischerort, wo
Gesteinssammler auf ihre Kosten kommen sollen.
Abends um zehn Uhr steht das Zelt auf einem priva-

ten Campingplatz. Ein junges Mädchen aus Öster-
reich weist uns ein. Wir sind überrascht, und sie
erzählt, daß sie als Au-pair-Mädchen für ein halbes
Jahr bei dem Bauern arbeite. Sie müsse sich um die
Hausarbeit, die Touristen und ein paar Pferde küm-
mern. Unsere zwei Zelte stehen in dieser Nacht allein
auf dem Platz. Vor uns liegt der Fjord, ringsherum
erheben sich hohe Berge.

Borgarfjördur, Montag, am 24. Juli

In der Gesteinsmanufaktur besuchen wir die Ver-
kaufsausstellung. In den Regalen und Vitrinen liegen
wunderbar geschliffene Halbedelsteine. Dunkelrote,
violette, hellgraue, türkisfarbene, einer den anderen
an Schönheit übertreffend. Wir wandern zum
Ostufer.
Am kleinen Hafen erwartet uns die große Überra-
schung: Ein Grashügel ist voll besetzt mit Papagei-
entauchern. Die Kleinen machen Flugversuche.
Erstmals ist es uns vergönnt, den Abflug nach
Kommando zu beobachten. Der Aufflug aus dem
Wasser erfolgt laut flatternd über unsere Köpfe.
Possierlich ist die Landung. Kurz vor dem Aufsetzen
spreizen sie die Füße seitlich, der Körper wird
gekrümmt, so als würden sie zum Abbremsen die
Landeklappen ausfahren. Sie stehen kurz über der
ausgewählten Stelle, um dann aufzusetzen.
Scheinbar unbeweglich sitzen die Alten in würdevol-
ler Haltung mit ihrem schwarzweiß gefrackten Feder-
kleid und dem dreieckigen, gelbroten Breitschnabel.
Papageientaucher sind nur an bestimmten Orten
Islands zu entdecken, obwohl ihr Bestand in die acht
bis zehn Millionen geht. Ihre Brutplätze befinden sich
meistens auf Vogelklippen, besonders in den
Westfjorden und auf den Westmännerinseln.
Vom Nordatlantik kommend, treffen sie Mitte Mai
dort ein. Sie graben ein bis zu einem Meter tiefes
Loch, in das sie ein einziges Ei hineinlegen. Deshalb
nisten sie immer oberhalb der Klippen, wo Erde das
Graben möglich macht. Noch heute werden sie mit
langstieligen Netzen im Flug gefangen.
Während der Vogelbeobachtung setzt sich ein isländisches Ehepaar zu uns an den Rasttisch. Die schlanke Frau macht einen gepflegten Eindruck. Der Mann
ist, wie die meisten Isländer, hager und wirkt intel-
lektuell. Ich biete ihnen eine Tasse Tee an. Sie erzählen, daß ihre Landsleute einen hohen Lebens-

standard hätten. Sie bauten sich vielfach neue Häuser, müßten aber oft zwei Arbeitsverhältnisse aufnehmen, um für alle Kosten aufkommen zu können.

ein Papageientaucher

Die Bauern an den Küsten lebten recht gut mit vom Fischfang. Leider wollten viele junge Leute im Ausland studieren, gingen nach Kopenhagen, Paris oder London. Sie selbst seien heute an den Ort ihrer Hochzeitsreise vor zwanzig Jahren zurückgekehrt.
Der Tag ist außerdem ausgefüllt mit dem Sammeln von Gestein. Besonders ziehen uns Steine mit kristallinen Einschlüssen an. Unbedingt wollen wir natürlich auch einen Halbedelstein finden, was unseren ungeübten Augen jedoch schwerfällt. Trotzdem bleibt unser Bemühen nicht ganz ohne Erfolg, wie sich beim Schleifen in der Heimat herausstellen soll.
Die Ostküste als geologisch ältester Teil Islands ist offenbar eine sehr einsame Gegend der Insel. Einen breiten Sandstrand zum Muschelsuchen haben wir für uns ganz allein. Er wird uns fast zum Verhängnis, als wir ihn nach Isländerart mit dem Auto angehen

wollen. Nur mühsam können wir uns aus dem Sand rückwärts auf die Straße retten. Wir haben vergessen, daß unsere Fahrzeuge nicht fürs Gelände gebaut sind.

Abgeschirmt durch das gewaltige Gebirgsmassiv finden sich nur wenige Besucher ein. Wir sehen hier einen einzigen Reisebus, der vielleicht den Ort wegen der Steine und der Papageientaucher anfährt. Vielleicht aber auch, weil hier einst der Maler Kjarval geboren wurde und für die kleine Kirche ein besonders schönes Altarbild schuf?

Das Gemälde zeigt Jesus mitten in einer freudigen Menschenmenge. Kjarval machte durch seine Bilder die Region Borgarfjördur berühmt und lehrte die Isländer, die Schönheit ihrer eigenen Landschaft zu sehen.

Kirche in Borgarfjödur

Zum Abend bewirten uns unsere mitreisenden Freunde mit einer Reispfanne und Rotwein. Uns fröstelt im kalten Bergschatten, während das Massiv gegenüber im Feuer des Abendrots strahlt. Sind es gerade diese Farben nahe des Polarkreises, die uns in den hohen Norden ziehen?

Seydisfjördur, Dienstag, am 25. Juli

Leider wartet unser Schiff nicht auf uns, langsam müssen wir uns in Richtung Fährhafen aufmachen. Wir fahren nach Egilstadir, zunächst wieder über den atemberaubenden Paß, den wir schon vorgestern bei der Anfahrt zu unserem Reiseziel stundenlang vor uns sahen.

Paß im Abendlicht

Dann geht die Fahrt weiter bei strömendem Regen zum See Lögurinn. Der Zeltplatz unter Bäumen erinnert uns sehr an heimatliche Gefilde und ist zu naß, so daß wir ihn nicht annehmen. Das Wasser des einhundertzwölf Meter tiefen Sees ist gletscherkalt, der Strand steinig.

Wir entscheiden uns noch für einen Spaziergang durch das Aboretum mit alten sibirischen und norwegischen Tannen und dickstämmigen Kiefern, wie wir sie bisher noch nirgendwo auf Island gesehen haben. Das Gebiet stellt den größten zusammenhängenden Baumbestand der Insel dar und wurde Anfang des Jahrhunderts gepflanzt. Einen Wald wachsen zu lassen ist ein mühseliges Unterfangen bei der kurzen Wachstumsperiode, aber es gibt erfolgreiche Versuche. Unser Junge führt uns begeistert nach Wegeskizze durch das „Baummuseum" und zu verschiedenen modernen Skulpturen. Künstler nutzten offensichtlich in einem Symposium die natürliche Gegebenheit der Landschaft für ihre Kreativität.

Nach dem Regen ist die Luft sanft. Wir beschließen, die letzten beiden Nächte am Abfahrtsort Seydisfjördur zu verbringen, um pünktlich vor Ort zu sein.

Seydisfjördur, Mittwoch, am 26. Juli

Die Insel verabschiedet sich von uns mit Sonne. Am letzten Tag tragen wir kurze Hosen und T-Shirt und lassen uns von der Islandluft streicheln. Viel passiert nicht mehr. Es wird aufgeräumt und aussortiert, was wir die drei Tage auf der Fähre brauchen. Die Männer gehen am Nachmittag in die Schwimm-halle. Bei einem Bummel durch das Städtchen besuchen wir die Kirche und zahlreiche Ausstellungen mit interessanten Ideen zur Einhundert-Jahr-Feier des Ortes. Wieder leitet uns unser Sohn mit einem Wegeplan. Als Lehrer sehen wir uns natürlich vor allem die alte Schule an.
Viele Generationen von Abgangsklassen sind gerahmt verewigt und die Fotos in den Treppenhäusern aufgehängt - eine schöne Tradition, wie wir sie bei uns nicht kennen.
Auf der abendlichen Fahrt entlang des Fjords begegnen wir fröhlichen Wildcampern, die die Zeltplatzkosten sparen wollen, obwohl diese auf Island recht angemessen sind. Auf dem Zeltplatz treffen nach und nach bekannte Gesichter ein. Die französische Jugendgruppe ist inzwischen zu Scouts geschlagen. Drei Wochen waren die Fünfzehnjährigen im Hochland unterwegs, mußten sich selbst versorgen, die Zelte auf- und abbauen, miteinander zurechtkommen. Die jungen Leute wirken nun ausgeglichener als bei der Herfahrt. Unsere Hochachtung hat das Ehepaar, das eine solche Verantwortung übernommen hat.
Wir unterhalten uns mit einer Frau, der das Herz vor Freude voll ist. Sie hat sich in diesem Sommer ihren Lebenstraum erfüllt, auf sich allein gestellt mit dem Rucksack durch Island zu wandern. Ihr Mann versorgt inzwischen zu Hause die pflegebedürftige Mutter. Begeistert erzählt sie von der Hilfsbereitschaft und Ehrlichkeit der Isländer, besonders der Busfahrer.
Auch Horst, der Reporter von VOX, hat alle Aufnahmen im Kasten.

Seydisfjördur, Donnerstag, am 27. Juli

Die Insel verabschiedet sich von uns mit Sonne. Für den Camper ist es immer wichtig, das Zelt trocken in den Sack zu bekommen. Das spart Nacharbeit, besonders, wenn man noch lange zu reisen hat. Allein

nach Dänemark liegen fünfundfünzig Stunden auf der
Fähre vor uns. Rechtzeitig stellen wir uns in die
Schlange der Abreisenden. Ob angesichts der Fahr-
zeugmassen wirklich alle mitkommen? Auch ein däni-
scher Zirkustroß muß verladen werden. Für die letzten Fahrzeuge aus der Schlange bleibt ein Platz auf
dem Sonnendeck, das als Parkplatz umfunktioniert
wird, erreichbar allerdings nur mit Hilfe eines Kranes.
Stehen bleibt schließlich niemand. Das Schiff scheint
total überladen zu sein. Wir hoffen auch deshalb auf
ruhige See. Die Fähre gleitet den schmalen Fjord hindurch. Zu beiden Seiten erstrecken sich die Hänge,
auf denen wir gestern abend noch entlanggewandert
sind. Langsam nimmt das Schiff Fahrt auf in
Richtung offenes Meer. Jeder verabschiedet sich auf
seine Weise.
Wir wünschen uns unbedingt ein Wiedersehen.

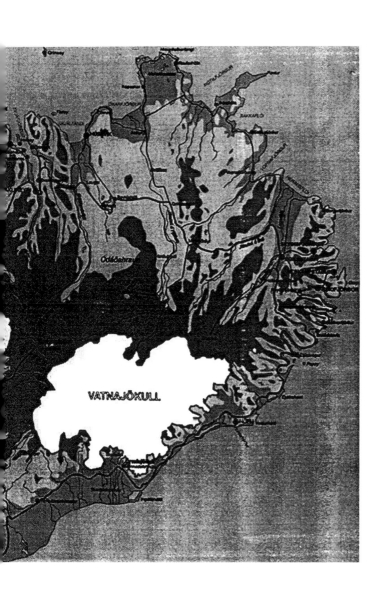